Tributação
sobre patrimônio

CB055217

Central de Qualidade — FGV Management
ouvidoria@fgv.br

PUBLICAÇÕES
FGV Management

SÉRIE DIREITO TRIBUTÁRIO

Tributação
sobre patrimônio

Joaquim Falcão
Sérgio Guerra
Rafael Almeida

Organizadores

FGV | DIREITO RIO
EDITORA
IDE

Direitos desta edição reservados à
EDITORA FGV
Rua Jornalista Orlando Dantas, 37
22231-010 | Rio de Janeiro, RJ | Brasil
Tels.: 0800-21-7777 | 21-3799-4427
Fax: 21-3799-4430
editora@fgv.br | pedidoseditora@fgv.br
www.fgv.br/editora

Impresso no Brasil | *Printed in Brazil*

Os conceitos emitidos neste livro são de inteira responsabilidade dos autores.

1ª edição — 2017

Preparação de originais: Sandra Frank
Editoração eletrônica: FA Studio
Revisão: Aleidis de Beltran | Fatima Caroni
Capa: aspecto:design

Ficha catalográfica elaborada pela
Biblioteca Mario Henrique Simonsen/FGV

Tributação sobre patrimônio / Organizadores Joaquim Falcão, Sérgio
Guerra, Rafael Almeida. — Rio de Janeiro : Editora FGV, 2017.
192 p. — (Direito tributário (FGV Management))

Publicações FGV Management.
Inclui bibliografia.
ISBN: 978-85-225-1819-7

1. Imposto sobre o patrimônio. I. Falcão, Joaquim, 1943- . II. Guerra,
Sérgio, 1964- . III. Almeida, Rafael. IV. Fundação Getulio Vargas. V.
FGV Management. VI. Série.

CDD — 341.3962

Nossa missão é construir uma Escola de Direito referência no Brasil em carreiras públicas e direito empresarial, formando lideranças para pensar o Brasil no longo prazo e ser referência no ensino e na pesquisa jurídica para auxiliar o desenvolvimento e o avanço do país.

FGV DIREITO RIO

Sumário

Apresentação

Aliada à credibilidade de mais de meio século de excelência no ensino de economia, administração e de outras disciplinas ligadas à atuação pública e privada, a Escola de Direito do Rio de Janeiro da Fundação Getulio Vargas – FGV DIREITO RIO – iniciou suas atividades em julho de 2002. A criação dessa nova escola é uma estratégia da FGV para oferecer ao país um novo modelo de ensino jurídico capaz de formar lideranças de destaque na advocacia e nas carreiras públicas.

A FGV DIREITO RIO desenvolveu um cuidadoso plano pedagógico para seu Programa de Educação Continuada, contemplando cursos de pós-graduação e de extensão. O programa surge como valorosa resposta à crise do ensino jurídico observada no Brasil nas últimas décadas, que se expressa pela incompatibilidade entre as práticas tradicionais de ensino do direito e as demandas de uma sociedade desenvolvida.

Em seu plano, a FGV DIREITO RIO assume o papel de formar profissionais preparados para atender às reais necessidades e expectativas da sociedade brasileira em tempos de globalização.

Seus cursos reforçam o comprometimento da escola em inserir no mercado profissionais de direito capazes de lidar com áreas interdisciplinares, dotados de uma visão ampla das questões jurídicas e com sólidas bases acadêmica e prática.

A Série Direito Tributário é um importante instrumento para difusão do pensamento e do tratamento dado às modernas teses e questões discutidas nas salas de aula dos cursos de MBA e de pós-graduação, focados no direito tributário, desenvolvidos pela FGV DIREITO RIO.

Dessa forma, esperamos oferecer a estudantes e advogados um material de estudo que possa efetivamente contribuir com seu cotidiano profissional.

Introdução

Este volume dedicado ao estudo de tributação sobre renda tem origem em profunda pesquisa e sistemática consolidação dos materiais de aula acerca de temas que despertam crescente interesse no meio jurídico e reclamam mais atenção dos estudiosos do direito. A intenção da Escola de Direito do Rio de Janeiro da Fundação Getulio Vargas é tratar de questões atuais sobre o tema, aliando a dogmática e a pragmática jurídicas.

A obra trata, de forma didática e clara, dos conceitos e princípios de tributação sobre renda, analisando as questões em face das condições econômicas do desenvolvimento do país e das discussões recentes sobre o processo de reforma do Estado.

O material aqui apresentado abrangerá assuntos relevantes, como:

- IPTU;
- IPTU e ITBI;
- ITR;
- IPVA;
- ITD;
- aspectos contábeis da tributação sobre o patrimônio.

Em conformidade com a metodologia da FGV DIREITO RIO, cada capítulo conta com o estudo de *leading cases* para auxiliar na compreensão dos temas. Com ênfase em casos práticos, pretendemos oferecer uma análise dinâmica e crítica das normas vigentes e sua interpretação.

Esperamos, assim, fornecer o instrumental técnico-jurídico para os profissionais com atuação ou interesse na área, visando fomentar a proposição de soluções criativas para problemas normalmente enfrentados.

1

Imposto sobre a propriedade predial e territorial urbana (IPTU)

Roteiro de estudo

Introdução

Iniciaremos o estudo do curso tributação sobre patrimônio com a análise do imposto sobre a propriedade predial e territorial urbana (IPTU), de competência dos municípios e do Distrito Federal.

Em decorrência da importância desse imposto, será destinado mais de um capítulo ao seu estudo. Com isso, o início do próximo capítulo também será a ele dedicado.

Veremos, neste capítulo, a disciplina normativa do IPTU, além de uma brevíssima exposição sobre seu percurso histórico e suas principais características, sendo o IPTU um tributo fiscal, direto, real, não vinculado, de incidência monofásica e complexo.

Superada essa etapa preliminar e estruturante em relação à noção mínima elementar para sua compreensão, teceremos análise no que concerne à sua finalidade essencial.

Posteriormente, abordaremos o ato do lançamento do IPTU para, ao final, estudarmos seus elementos objetivo, subjetivo, espacial, temporal e quantitativo. Veremos, nessa toada, questões controvertidas, tanto na doutrina quanto na jurisprudência, como os casos de progressividade da alíquota, a definição dos contribuintes, os critérios de localização ou destinação do bem imóvel para a fixação da incidência do IPTU ou do imposto sobre a propriedade territorial rural (ITR), entre outros.

Ao final dos tópicos, serão colacionados julgados dos tribunais superiores que embasam a matéria exposta.

Na parte inicial do capítulo seguinte serão expostas outras questões relevantes debatidas na seara contenciosa judicial, não abordadas neste capítulo inaugural.

Disciplina normativa

O IPTU tem previsão constitucional no art. 156, I, e encontra-se disciplinado nos arts. 32 a 34 do Código Tributário Nacional (CTN).

A Lei nº 10.257, de 10 de julho de 2001 (Estatuto da Cidade), dispõe, igualmente, de normas (arts. 7º e 8º) que tratam do tributo em comento.

Tendo em vista a competência municipal para a regulamentação do tributo em análise, cada município e o Distrito Federal deverão editar leis ordinárias para sua instituição e cobrança. No município do Rio de Janeiro, a tributação do IPTU encontra-se disciplinada nos arts. 52 a 86 da Lei Municipal nº 691, de 24 de dezembro de 1984 (Código Tributário do Município do Rio de Janeiro).

Em que pese não existir, nos dias atuais, qualquer território federal, a Carta Magna disciplina, no seu art. 147, a competência em relação aos impostos nesse ente federativo. Portanto, caberão à União os impostos estaduais e, se o território não for dividido em municípios, cumulativamente, os impostos municipais, como o IPTU.

Percurso histórico

Em virtude do princípio da reserva legal, não cabe à Lei Maior a criação dos tributos, mas tão somente a outorga da competência tributária ao ente federativo para sua instituição. Nesse diapasão, temos que a tributação sobre a propriedade de imóveis no Brasil nasceu da denominada "décima urbana" ou impostos sobre prédios. Assim, a princípio, a tributação incidia apenas sobre os prédios urbanos presumivelmente habitáveis.

Na Constituição de 1891 (art. 9º, item 2º), o IPTU, que nessa época era de competência dos estados, passou a incidir sobre imóveis, edificados ou não, urbanos ou rurais. Na Lei Fundamental de 1934, dois foram os impostos urbanos outorgados ao município: o territorial e o urbano, restando o imposto territorial urbano à competência da União. Tal divisão manteve-se com a Constituição de 1937, sendo a propriedade territorial tributada pelos estados, e a predial urbana, pelos municípios.

A partir da Carta Política de 1946 estabeleceu-se a previsão de um único imposto, de competência dos municípios. Atualmente, como já visto, a Constituição Federal de 1988 (CRFB/1988) atribui competência tributária aos municípios e ao Distrito Federal, nos termos do que dispõem, respectivamente, os arts. 156, I, e 147.

Principais características

As principais características gerais do IPTU são:

Fiscal

A função primordial consiste na arrecadação de recursos para os municípios e para o Distrito Federal, seja por meio de sua previsão ordinária (art. 156, I, CRFB/1988), seja por meio de sua progressividade fiscal, elencada no inciso I do § 1º do art. 156 da Constituição de 1988.

No entanto, também poderá ser tido por extrafiscal quando se utilizar da progressividade no tempo[1] que lhe é facultada pelo disposto no art. 182, § 4º, II, ou pelo que dispõe o art. 156, § 1º, II,[2] ambos da CRFB/1988.

Direto

O critério econômico da repercussão define se o tributo deve ser tido por direto ou indireto, conforme decidido no REsp nº 762.684/RJ.

O ônus econômico recai diretamente e de forma definitiva sobre o contribuinte, que é o proprietário, titular do domínio útil ou possuidor com *animus domini* em relação ao imóvel.

A Lei nº 8.245,[3] de 18 de outubro de 1991, que dispõe sobre a locação de imóveis urbanos e disciplina os procedimentos a ela inerentes, permite que o locador, proprietário do imóvel, transfira para o locatário o adimplemento do IPTU.

Contudo, no âmbito do direito tributário, tal contrato não poderá alterar a definição de sujeito passivo, uma vez que a implementação da ressalva contida no art. 123 do CTN deve ser oriunda de lei tributária, o que não se vislumbra na lei em comento.

Nesse sentido, e nos termos da Súmula nº 399 do Superior Tribunal da Justiça (STJ), "cabe à legislação municipal estabelecer o sujeito passivo do IPTU".

---

[1] Destinada a coibir o descumprimento da função social da propriedade urbana.
[2] Hipótese em que se estabelecem alíquotas diferenciadas em razão do uso e localização do imóvel.
[3] Lei nº 8.245/1991: "Art. 22. O locador é obrigado a: [...] VIII - pagar os impostos e taxas, e ainda o prêmio de seguro complementar contra fogo, que incidam ou venham a incidir sobre o imóvel, salvo disposição expressa em contrário no contrato [...]. Art. 25. Atribuída ao locatário a responsabilidade pelo pagamento dos tributos, encargos e despesas ordinárias de condomínio, o locador poderá cobrar tais verbas juntamente com o aluguel do mês a que se refiram".

Real

Sua instituição e cobrança ocorrem em razão do fato gerador objetivamente considerado, abstraindo-se, em tese, a capacidade econômica do contribuinte. Isso equivale a dizer que se leva em consideração a coisa objeto da tributação, e não as características pessoais de seu titular.

A esse respeito, merecem menção as súmulas nº 539: "É constitucional a lei do município que reduz o imposto predial urbano sobre imóvel ocupado pela residência do proprietário que não possua outro"; nº 589: "É inconstitucional a fixação de adicional progressivo do imposto predial e territorial urbano em função do número de imóveis do contribuinte"; e nº 668: "É inconstitucional a lei municipal que tenha estabelecido, antes da Emenda Constitucional 29/2000, alíquotas progressivas para o IPTU, salvo se destinada a assegurar o cumprimento da função social da propriedade urbana", todas editadas pelo Supremo Tribunal Federal (STF).

Em sentido contrário ao que até agora foi exposto, destaca-se a posição de Sacha Calmon Navarro Coêlho, que sustenta ser o IPTU um imposto pessoal, "pois incide sobre o direito de propriedade de contribuinte, medindo sua capacidade econômica".[4]

A atribuição de características pessoais a um tributo real, por decorrência da teoria da personificação do imposto, não descaracteriza sua natureza real. É o que se constata em algumas leis municipais que concedem isenção de IPTU aos deficientes físicos.

Não vinculado

Nos termos do que dispõe o art. 16 do CTN, o fato gerador que lhe dá origem consiste em uma situação independente de qualquer atividade específica por parte do Estado em relação ao

---

[4] COÊLHO, Sacha Calmon Navarro. *Curso de direito tributário brasileiro*. 9. ed. Rio de Janeiro: Forense, 2006. p. 585.

obrigado. Isso equivale a dizer que sua obrigação tem como fato gerador um fato exclusivamente do indivíduo.

De incidência monofásica

O fato gerador do imposto refere-se à propriedade, ao domínio útil ou à posse do imóvel localizado dentro da região urbana, sendo a situação que dá origem à tributação estável e permanente.

Continuado

Há uma grande divergência terminológica envolvendo a classificação dos fatos geradores. Segundo Luciano Amaro, o fato gerador do IPTU é continuado, pois é

> representado por situação que se mantém no tempo e que é mensurada em cortes temporais. Esse fato tem em comum com o instantâneo a circunstância de ser aferido e qualificado para fins de determinação da obrigação tributária, num determinado momento do tempo (por exemplo, todo dia 'x' de cada ano); e tem em comum com o fato gerador periódico a circunstância de incidir por períodos de tempo.[5]

Cabe à lei municipal instituidora do imposto em comento fixar uma data ficta para que se tenha por ocorrido o fato gerador, com espeque no § 2º do art. 144 do CTN.

Finalidade

A função do IPTU é preponderantemente fiscal, destinando-se a receita obtida aos municípios e ao Distrito Federal, seja

---

[5] AMARO, Luciano. *Direito tributário brasileiro*. 13. ed. São Paulo: Saraiva, 2007. p. 268.

por meio de sua previsão ordinária (art. 156, I, CRFB/1988), seja pela progressividade fiscal disciplinada no inciso I do § 1º do art. 156 da CRFB/1988.

No entanto, o tributo em questão poderá ter, em caráter excepcional, função extrafiscal, nos casos em que o município vier a se utilizar da progressividade no tempo, nos termos autorizados pelo inciso II do § 2º do art. 182 do Texto Fundamental. Tal medida representa uma forma de intervenção político-econômica, destinando-se a prestigiar e contribuir para a promoção da função social da propriedade urbana.

Também se admite como função extrafiscal a utilização do disposto no inciso II do § 1º do art. 156 da CRFB/1988 nas hipóteses em que sejam fixadas alíquotas diferenciadas em razão do uso e da localização do imóvel.

Lançamento

Sujeita-se ao lançamento direto ou de ofício. Os imóveis situados no espaço geográfico do município formam um cadastro, que será utilizado para fins de notificação dos contribuintes nele cadastrados, para que providenciem o pagamento do IPTU.

AGRAVO REGIMENTAL NO RECURSO ESPECIAL. PRESCRIÇÃO RECONHECIDA. IPTU. LANÇAMENTO DE OFÍCIO. CONSTITUIÇÃO DO CRÉDITO A PARTIR DO LANÇAMENTO EM 1º DE JANEIRO DE CADA ANO. ALEGAÇÃO DE QUE O CÓDIGO TRIBUTÁRIO MUNICIPAL ESTABELECE UM PRAZO MAIOR PARA PAGAMENTO DO TRIBUTO. DIREITO LOCAL. INCIDÊNCIA, POR ANALOGIA, DA SÚMULA 280 DO STF. AGRAVO REGIMENTAL A QUE SE NEGA PROVIMENTO.

1. O Superior Tribunal de Justiça possui o entendimento firme de que nos tributos sujeitos a lançamento de ofício, tal como

o IPVA e o IPTU, a própria remessa, pelo Fisco, da notificação para pagamento ou carnê constitui o crédito tributário, momento em que se inicia o prazo prescricional quinquenal para sua cobrança judicial, nos termos do art. 174 do CTN.

2. No caso dos autos, trata-se de Execução Fiscal proposta em 26 de julho de 2011 e relacionada ao IPTU do exercício de 2006, o que evidentemente está fulminado pela prescrição.

3. No que se refere à alegação de que o Código Tributário Municipal teria estendido o prazo para pagamento do tributo, deixa-se de apreciá-la, porquanto tal providência demandaria, necessariamente, a análise de direito local, medida vedada na via estreita do Recurso Especial, a teor da Súmula 280 do STF, aplicável ao caso por analogia.

4. Agravo Regimental do MUNICÍPIO DE NOVA IGUAÇU/RJ a que se nega provimento.[6]

De acordo com o entendimento sumulado pelo STJ sob o nº 397: "O contribuinte de IPTU é notificado do lançamento pelo envio do carnê ao seu endereço". Dessa forma, não se admite alegação, por parte do contribuinte, de não ter recebido o carnê para pagamento, transferindo-se a ele o ônus de provar a efetiva ausência de recebimento.

Com isso, não se faz necessária a instauração de processo administrativo para a constituição definitiva do crédito, tendo em mira que o lançamento e o envio da cobrança do tributo seriam suficientes para sua regularidade.

TRIBUTÁRIO. EXECUÇÃO FISCAL. REQUISITOS DA CDA. INCIDÊNCIA DA SÚMULA 7/STJ. LANÇAMENTO DE OFÍCIO.

---

[6] BRASIL. Superior Tribunal de Justiça. Primeira Turma. AgRg no REsp nº 1.434.570/RJ. Relator: ministro Napoleão Nunes Maia Filho. Julgamento em 11 de março de 2014. *DJe*, 21 mar. 2014.

DESNECESSIDADE DE PROCESSO ADMINISTRATIVO ESPECÍFICO E NOTIFICAÇÃO.
1. Cuida-se originalmente de embargos à execução manejados pelo ora recorrente que contesta a validade da CDA que instrui o pleito executivo ante a ausência de prévio processo administrativo.
2. É pacífica a jurisprudência deste tribunal no sentido de que a aferição da certeza e liquidez da Certidão da Dívida Ativa – CDA, bem como da presença dos requisitos essenciais à sua validade, conduz necessariamente ao reexame do conjunto fático-probatório dos autos, medida inexequível na via da instância especial. Incidência da Súmula 7/STJ.
3. Ademais há nesta Corte jurisprudência consolidada no sentido de que a notificação do lançamento do IPTU e das taxas municipais ocorre com o envio da correspondente guia de recolhimento do tributo para o endereço do imóvel ou do contribuinte, com as informações que lhe permitam, caso não concorde com a cobrança, impugná-la administrativa ou judicialmente.
4. Nesse contexto, firmou-se também o entendimento de que milita em favor do fisco municipal a presunção de que a notificação foi entregue ao contribuinte, o que implica atribuir a este o ônus de provar que não recebeu o documento de cobrança.
5. Correto, portanto o entendimento fixado na origem, no sentido de que, nos tributos com lançamento de ofício, a ausência de prévio processo administrativo não enseja a nulidade das CDAs, porquanto cabe ao contribuinte o manejo de competente processo administrativo caso entenda incorreta a cobrança tributária e não ao fisco que, com observância da lei aplicável ao caso, lançou o tributo.
Agravo regimental improvido.[7]

---

[7] BRASIL. Superior Tribunal de Justiça. Segunda Turma. AgRg no AREsp nº 370.295/SC. Relator: ministro Humberto Martins. Julgamento em 1º de outubro de 2013. *DJe*, 9 out. 2013.

Deve-se dizer que o marco inicial para a contagem do prazo prescricional mencionado no art. 174 do CTN materializa-se, igualmente, com o envio do carnê de cobrança ao endereço do contribuinte, sendo certo, como exposto, que o STJ consolidou o entendimento de que esse meio é juridicamente eficiente para notificá-lo da constituição do crédito tributário.

Conforme será abordado com maior profundidade em linhas futuras, o contribuinte do IPTU é o proprietário, o titular do domínio útil ou o possuidor que tenha a intenção de ser dono do imóvel. Nesse diapasão, temos que tanto o locatário quanto o comodatário não possuem legitimidade para impugnar o lançamento do IPTU, na exata medida em que não exercem a posse do imóvel com *animus domini*.

Por esse motivo, também não se admite que os indivíduos mencionados figurem no polo passivo de eventual execução fiscal, por faltar-lhes legitimidade passiva.

Elementos do imposto

Objetivo

Nos estritos termos da CRFB/1988, a hipótese de incidência abstratamente prevista designa como fato gerador do IPTU a propriedade predial e territorial urbana, conforme se extrai da dicção do seu art. 156, I. Desse conceito, extrai-se a faculdade de uso, gozo e disposição, sendo a propriedade manifestação de riqueza apta a ensejar a sujeição de seu titular a esse imposto de competência municipal.

No entanto, o CTN, ao disciplinar o imposto sobre a propriedade predial e territorial urbana, prevê, em seu art. 32:

> Art. 32. O imposto, de competência dos Municípios, sobre a propriedade predial e territorial urbana tem como fato gerador

a propriedade, o domínio útil ou a posse de bem imóvel por natureza ou por acessão física, como definido na lei civil, localizado na zona urbana do Município.

§ 1º. Para os efeitos deste imposto, entende-se como zona urbana a definida em lei municipal; observado o requisito mínimo da existência de melhoramentos indicados em pelo menos dois dos incisos seguintes, construídos ou mantidos pelo Poder Público:

I - meio-fio ou calçamento, com canalização de águas pluviais;

II - abastecimento de água;

III - sistema de esgotos sanitários;

IV - rede de iluminação pública, com ou sem posteamento para distribuição domiciliar;

V - escola primária ou posto de saúde a uma distância máxima de três quilômetros do imóvel considerado.

§ 2º. A lei municipal pode considerar urbanas as áreas urbanizáveis, ou de expansão urbana, constantes de loteamentos aprovados pelos órgãos competentes, destinados à habitação, à indústria ou ao comércio, mesmo que localizados fora das zonas definidas nos termos do parágrafo anterior.

Percebe-se, então, que o legislador infraconstitucional ampliou a regra estampada no art. 156, I, da Carta Magna ao afirmar, no *caput* do artigo transcrito *supra*, que o fato gerador do IPTU é a propriedade, o domínio útil ou a posse de bem imóvel. O art. 110 do CTN determina que

a lei tributária não pode alterar a definição, o conteúdo e o alcance de institutos, conceitos e formas de direito privado, utilizados, expressa ou implicitamente, pela Constituição Federal, pelas constituições dos estados, ou pelas leis orgânicas do Distrito Federal ou dos municípios, para definir ou limitar competências tributárias.

Com efeito, a interpretação literal desse dispositivo levaria à conclusão de que a propriedade não poderia ser confundida com os demais direitos reais elencados no art. 1.225 do Código Civil (CC).

Todavia, a melhor exegese nos conduz à vedação, destinada à lei municipal regulamentadora do IPTU, de instituir a tributação incidente sobre bens móveis, como os navios e as aeronaves, via equiparação por ela determinada. Para o direito civil, entende-se por bem imóvel todos aqueles que não se podem transportar, sem destruição, de um lugar para outro.

Como o CTN é norma com *status* de lei complementar,[8] acaba por cumprir o mandamento externado no inciso III do art. 146 da Lei Maior. O citado inciso determina caber à lei complementar o estabelecimento de normas gerais em matéria de legislação tributária, especialmente sobre definição de tributos e de suas espécies, bem como em relação aos impostos discriminados na Constituição, aos respectivos fatos geradores, bases de cálculo e contribuintes.

Nesse ínterim, o art. 32 do CTN regulamenta o conceito de propriedade contido na CRFB/1988, sem, contudo, alterá-lo. Mesmo posicionamento aqui exposto é defendido, exemplificativamente, por Hugo de Brito Machado e Leandro Paulsen.

A Constituição aborda a noção de propriedade em sentido amplo, não havendo razão para se invocar a inconstitucionalidade dos dispositivos do CTN que desmembram o conceito de propriedade, domínio útil e posse, desde que haja *animus domini*.

Ao referir-se à propriedade, o CTN o faz em sentido amplo, ou seja, sem desmembramento. Com isso, todos os seus elementos estariam reunidos em uma única pessoa, situação em que não haverá dúvida em relação ao contribuinte do IPTU.

---

[8] Em que pese ser, formalmente, lei ordinária.

Nos casos em que a propriedade do imóvel estiver fracionada, porém, haverá dúvida quanto ao efetivo contribuinte do IPTU. Quando o CTN menciona o domínio útil, esclarece que caberá também ao detentor do imóvel, como o enfiteuta e o usufrutuário, o pagamento do IPTU. No que concerne à posse, faz-se mister distinguir, no âmbito do direito tributário, o possuidor, definido no art. 1.196,[9] do mero detentor, disciplinado no art. 1.198,[10] ambos do CC.

A posse mencionada no CTN como hipótese de incidência do IPTU deve ser encarada de forma restritiva, alcançando apenas aqueles que a exerçam com *animus domini*, ou seja, com intenção de ser dono da coisa e com exteriorização de conteúdo econômico, não incidindo nos casos em que haja apenas a detenção do imóvel, como ocorre com os locatários e os comodatários.

É importante ressaltar que a Súmula nº 399 do STJ[11] originou-se de precedentes que tratavam da promessa de compra e venda e não da mera detenção da coisa.

Assim, o IPTU tem como fato gerador o bem imóvel, por natureza (art. 79 da Lei nº 10.406, de 10 de janeiro de 2002 – CC) e por acessão física (art. 79 do CC),[12] que se encontre localizado em zona urbana do município.

A noção de propriedade encontra-se regulamentada pelo direito civil, mais precisamente pelo art. 1.228 do CC,[13] abran-

---

[9] CC/2002: "Art. 1.196. Considera-se possuidor todo aquele que tem de fato o exercício, pleno ou não, de algum dos poderes inerentes à propriedade".
[10] CC/2002: "Art. 1.198. Considera-se detentor aquele que, achando-se em relação de dependência para com outro, conserva a posse em nome deste e em cumprimento de ordens ou instruções suas".
[11] STJ, Súmula nº 399: "Cabe à legislação municipal estabelecer o sujeito passivo do IPTU". Destacamos que há grave erro na redação desse verbete, pois o estabelecimento do sujeito passivo deve originar-se de lei formal e não da "legislação" (designação ampla).
[12] Insta salientar que não se faz previsão na legislação a bem imóvel por acessão intelectual.
[13] CC/2002: "Art. 1.228. O proprietário tem a faculdade de usar, gozar e dispor da coisa, e o direito de reavê-la do poder de quem quer que injustamente a possua ou detenha".

gendo as faculdades de usar, gozar, fruir e dispor da coisa, motivo pelo qual é tido como o direito mais amplo entre os direitos reais, mesmo que saibamos não se tratar de um direito absoluto.[14]

Subjetivo

Neste ponto do capítulo, devemos dedicar nossa atenção à investigação dos sujeitos ativo e passivo. Em relação ao *sujeito ativo* do IPTU, não há dificuldade hermenêutica, cabendo ao município ou ao Distrito Federal o exercício da competência privativa ou cumulativa, respectivamente.

SUJEITO PASSIVO

Entende-se por sujeito passivo aquele que for encarregado de adimplir a obrigação tributária. Com base no parágrafo único do art. 121 do CTN, temos que o sujeito passivo da obrigação principal se divide entre contribuinte e responsável.

1) *Responsável.* Com base no art. 130 do CTN, é perfeitamente admissível a figura do responsavel tributario pelo IPTU, na medida em que ao adquirente resta obrigado o imposto referente aos fatos geradores que tenham ocorrido antes da aquisição do imóvel, tendo em vista que o IPTU é *propter rem*, acompanhando o imóvel em todas as suas transmissões.
2) *Contribuinte.* Tem-se por contribuinte do IPTU o proprietário, o titular do domínio útil ou possuidor que tenha a intenção de ser dono da coisa (*animus domini*), sendo estas duas últimas figuras expressas apenas no CTN, uma vez que, conforme já mencionado em linhas anteriores, a Constituição refere-se apenas ao proprietário (art. 156, I).

---

[14] Interpretação sistemática do que se encontra disposto nos arts. 5º, XXII e XXIII; 170, III; 184 e 186, todos da CRFB/1988.

Existe uma ampla discussão, em curso no STF, acerca do enquadramento do concessionário de direito de uso (mero direito obrigacional) de um bem de propriedade da União, como contribuinte do imposto.[15] O STJ apresenta entendimento no sentido de que esse concessionário não se enquadra como tal, por não ter *animus domini*, não sendo capaz de adquirir a propriedade do bem imóvel por usucapião.

Da mesma forma, muito se discute se os titulares de direitos reais (ex.: concessão de direito real de uso, direito de habitação, enfiteuse) seriam ou não contribuintes, enquadrados como titulares do domínio útil, e qual seria a diferença desse caso, por exemplo, para o usufruto.

Historicamente, titular do domínio útil é o enfiteuta. O STJ, todavia, enquadrou o usufrutuário como tal, ampliando o rol de contribuintes e abrindo margem para novas discussões que envolvessem outros direitos reais.

Outra importante celeuma em relação ao contribuinte do IPTU refere-se ao art. 34 do CTN, que dispõe serem contribuintes desse imposto "o proprietário do imóvel, o titular do seu domínio útil, ou o seu possuidor a qualquer título". A doutrina é dividida em relação à ordem dos sujeitos estabelecida na redação do dispositivo.

Desse modo, há quem sustente ser essa ordem sucessiva. Outros, no entanto, advogam a existência de solidariedade entre as figuras elencadas no dispositivo, o que possibilita à Fazenda Pública o exercício de escolha discricionária, sendo essa sustentação embasada na existência do redirecionamento da execução fiscal.

PROCESSUAL CIVIL. TRIBUTÁRIO. VIOLAÇÃO DO ART. 535 DO CPC. ALEGAÇÃO GENÉRICA. SÚMULA 284/STF.

---

[15] RE nº 434.251/RJ e RE nº 601.720 RG/RJ.

IPTU. CONTRIBUINTE. AUSÊNCIA DE *ANIMUS DOMINI*. CONDOMÍNIO. MERO ADMINISTRADOR.

1. A alegação genérica de violação do art. 535 do Código de Processo Civil, sem explicitar os pontos em que teria sido omisso o acórdão recorrido, atrai a aplicação do disposto na Súmula 284/STF.

2. O fato gerador do IPTU, conforme dispõe o art. 32 do CTN, é a propriedade, o domínio útil ou a posse. O contribuinte da exação é o proprietário do imóvel, o titular do seu domínio ou seu possuidor a qualquer título (art. 34 do CTN).

3. A jurisprudência do STJ é pacífica no sentido de que somente a posse com *animus domini* é apta a gerar a exação predial urbana, o que não ocorre com o condomínio, *in casu*, que apenas possui a qualidade de administrador de bens de terceiros.

4. *"Não é qualquer posse que deseja ver tributada. Não é a posse direta do locatário, do comodatário, do arrendatário de terreno, do administrador de bem de terceiro, do usuário ou habitador (uso e habitação) ou do possuidor clandestino ou precário (posse nova etc.). A posse prevista no Código Tributário como tributável é a de pessoa que já é ou pode ser proprietária da coisa"* (in Curso de Direito Tributário, Coordenador Ives Gandra da Silva Martins, 8ª Edição – Imposto Predial e Territorial Urbano, p. 736/737).

Recurso especial improvido.[16]

PROCESSUAL CIVIL. AGRAVO REGIMENTAL EM EMBARGOS DE DIVERGÊNCIA. IMPOSTO SOBRE PROPRIEDADE TERRITORIAL URBANA – IPTU. REPETIÇÃO DE INDÉBITO. ILEGITIMIDADE ATIVA DO ADQUIRENTE DO IMÓ-

---

[16] BRASIL. Superior Tribunal de Justiça. Segunda Turma. REsp nº 1.327.539/DF. Relator: ministro Humberto Martins. Julgamento em 14 de agosto de 2012. *DJe*, 20 ago. 2012, grifo no original.

VEL. ADMISSIBILIDADE DO RECURSO. DISSÍDIO NÃO DEMONSTRADO. RECURSO ESPECIAL NÃO CONHECIDO. 1. A admissão dos embargos de divergência reclama a comprovação do dissídio jurisprudencial na forma prevista pelo RISTJ, com a demonstração das circunstâncias que assemelham os casos confrontados. 2. Caracteriza-se a divergência jurisprudencial quando, da realização do cotejo analítico entre os acórdãos paradigma e recorrido, verifica-se a adoção de soluções diversas a litígios semelhantes. 3. *In casu*, o acórdão embargado considerou que: "*O adquirente sub-roga-se nos direitos e obrigações relativos ao imóvel quando, no ato translatício, foram-lhe passados todos os direitos e ações relacionados ao bem adquirido. Entretanto, não sendo repassado ao adquirente, no referido ato, todos os direitos e ações relacionados ao bem adquirido, não há como conferir-lhe o direito à repetição das quantias indevidamente recolhidas a título de IPTU*". 4. A seu turno, o acórdão paradigma assentou que: "*Constando do ato translatício de domínio que se repassa ao adquirente todos os direitos e ações relacionados com o bem adquirido, confere-se-lhes, a fortiori, legitimidade ativa para reclamar a restituição dos valores indevidamente pagos a título de IPTU, TCLLP E TIP, porquanto passa a ser novel titular do crédito a ser restituído, pleiteando em nome próprio, direito próprio (art. 6º do CPC)*". 5. Destarte, ressoa inequívoca a ausência de soluções diversas aos casos concretos em tela, porquanto ambos os arestos esposam o mesmo entendimento, no sentido de que o direito à repetição de indébito de IPTU cabe ao sujeito passivo que efetuou o pagamento indevido, *ex vi* do artigo 165, do Codex Tributário, de modo que não se confere àquele que não arcou com o ônus financeiro do tributo o direito à sua restituição, na hipótese em que pago indevidamente. Os direitos e obrigações referentes ao imóvel hão que ser transferidos aos adquirentes, expressamente, por ocasião do ato translatício do domínio.

6. Agravo regimental desprovido.[17]

PROCESSO CIVIL. RECURSO ESPECIAL. TRIBUTÁRIO. IPTU. OBRIGAÇÃO TRIBUTÁRIA *PROPTER REM*. INCLUSÃO DO NOVEL PROPRIETÁRIO. SUBSTITUIÇÃO DA CDA. POSSIBILIDADE.

1. A obrigação tributária real é *propter rem*, por isso que o IPTU incide sobre o imóvel (art. 130 do CTN).

2. Deveras, ainda que alienada a coisa litigiosa, é lícita a substituição das partes (art. 42 do CPC), preceito que se aplica à execução fiscal, em cujo procedimento há regra expressa de alteração da inicial, qual a de que é lícito substituir a CDA antes do advento da sentença.

3. Sob esse enfoque é cediço que: "PROCESSO CIVIL. TRIBUTÁRIO. EXECUÇÃO FISCAL. CDA. NULIDADE POSSIBILIDADE DE SUBSTITUIÇÃO ATÉ A SENTENÇA DOS EMBARGOS À EXECUÇÃO. PRESCRIÇÃO. DECRETAÇÃO DE OFÍCIO. IMPOSSIBILIDADE. ARTIGO 219, § 5º, DO CÓDIGO DE PROCESSO CIVIL. 1. É permitida à Fazenda Pública a substituição da Certidão de Dívida Ativa até a prolação da sentença dos embargos à execução. Inteligência do § 8º do art. 2º da Lei nº 6.830/1980. 2. Em homenagem ao princípio da celeridade processual, não é razoável manter a sentença que extinguiu o feito antes de citado o executado, sem conferir à exequente oportunidade para substituir o título que engloba num único valor a cobrança de diferentes exercícios. (...)" (REsp 745.195/RS, Rel. Min. Castro Meira, Segunda Turma, DJ 15/08/2005).

---

[17] BRASIL. Superior Tribunal de Justiça. Primeira Seção. AgRg nos EREsp nº 778.162/SP. Relator: ministro Luiz Fux. Julgamento em 25 de junho de 2008. *DJe*, 1º set. 2008, grifos no original.

4. O IPTU tem como contribuinte o novel proprietário (art. 34 do CTN), porquanto consubstanciou-se a responsabilidade tributária por sucessão, em que a relação jurídico-tributária deslocou-se do predecessor ao adquirente do bem. Por isso que impedir a substituição da CDA pode ensejar que as partes dificultem o fisco, até a notícia da alienação, quanto à exigibilidade judicial do crédito sujeito à prescrição.

5. *In casu*, não houve citação da referida empresa, tendo a Fazenda Pública requerido a substituição da CDA e a citação do atual proprietário do imóvel.

6. Doutrina abalizada comunga do mesmo entendimento, *in verbis*: "*Se a dívida é inscrita em nome de uma pessoa, não pode a Fazenda ir cobrá-la de outra nem tampouco pode a cobrança abranger outras pessoas não constantes do termo e da certidão, salvo, é claro, os sucessores, para quem a transmissão do débito é automática e objetiva, sem reclamar qualquer acertamento judicial ou administrativo*" (Humberto Theodoro Junior, *in* Lei de Execução Fiscal, 7ª ed. Saraiva, 2000. p. 29).

7. Consequentemente, descoberto o novel proprietário, ressoa manifesta a possibilidade de que, na forma do art. 2º, da Lei 6.830/1980, possa a Fazenda Pública substituir a CDA antes da sentença de mérito, impedindo que as partes, por negócio privado, infirmem as pretensões tributárias.

8. Recurso Especial provido.[18]

Enfiteuse. Contribuinte

TRIBUTÁRIO – IPTU – CONTRIBUINTE: ART. 34 DO CTN – IMÓVEL ENFITÊUTICO.

---

[18] BRASIL. Superior Tribunal de Justiça. Primeira Turma. REsp nº 840.623/BA Relator: ministro Luiz Fux. Julgamento em 6 de setembro de 2007. *DJe*, 15 out. 2007, grifos no original.

1. Por força do disposto no art. 34 do CTN, cabe ao detentor do domínio útil, o enfiteuta, o pagamento do IPTU.

2. A imunidade que possa ter o senhorio, detentor do domínio indireto, não se transmite ao enfiteuta.

3. Bem enfitêutico dado pela UNIÃO em aforamento.

4. Recurso especial conhecido e provido.[19]

Servidão de passagem. Contribuinte

TRIBUTÁRIO – IMPOSTO SOBRE A PROPRIEDADE TERRI-TORIAL URBANA – SERVIDÃO DE PASSAGEM

1. Os arts. 32 e 34 do CTN definem, respectivamente, o fato gerador e o contribuinte do IPTU, contemplando a propriedade, a posse e o domínio útil.

2. Não há base legal para cobrança do IPTU de quem apenas se utiliza de servidão de passagem de imóvel alheio.

3. Recurso especial não provido.[20]

Usufrutuário. Contribuinte

RECURSO ESPECIAL. TRIBUTÁRIO. IMPOSTO PREDIAL E TERRITORIAL URBANO. USUFRUTO. LEGITIMIDADE PASSIVA DO USUFRUTUÁRIO. PRECEDENTE DESTE SO-DALÍCIO.

Segundo lição do saudoso mestre Pontes de Miranda, *"o direito de usufruto compreende o usar e fruir, ainda que não exerça, e a pretensão a que outrem, inclusive o dono, se o há, do bem, ou do patrimônio, se abstenha de intromissão tal que fira o uso e a*

---

[19] BRASIL. Superior Tribunal de Justiça. Segunda Turma. REsp nº 267.099/BA. Relatora: ministra Eliana Calmon. Julgamento em 16 de abril de 2002. *DJ*, 27 maio 2008.

[20] BRASIL. Superior Tribunal de Justiça. Segunda Turma. REsp nº 611.129/SP. Relatora: ministra Eliana Calmon. Julgamento em 9 de março de 2004. *DJ*, 24 maio 2004.

fruição exclusiva. É direito, erga omnes, de exclusividade do usar e do fruir".

O renomado jurista perlustra, ainda, acerca do dever do usufrutuário de suportar certos encargos, que "*os encargos públicos ordinários são os impostos e taxas, que supõem uso e fruto da propriedade, como o imposto territorial e o predial"*.

Na mesma linha de raciocínio, este Superior Tribunal de Justiça, ao apreciar a matéria, assentou que, "*em tese, o sujeito passivo do IPTU é o proprietário e não o possuidor, a qualquer título (...) Ocorre que, em certas circunstâncias, a posse tem configuração jurídica de título próprio, de investidura do seu titular como se proprietário fosse. É o caso do usufrutuário que, como todos sabem, tem a obrigação de proteger a coisa como se detivesse o domínio"* (REsp 203.098/SP, Rel. Min. Carlos Alberto Menezes Direito, DJ 08/03/2000).

Dessarte, nas hipóteses de usufruto de imóvel, não há como falar em solidariedade passiva do proprietário e do usufrutuário no tocante ao imposto sobre a propriedade predial e territorial urbana quando apenas o usufrutuário é quem detém o direito de usar e fruir exclusivamente do bem.

Recurso especial improvido.[21]

INFORMATIVO Nº 364 DO STJ

Em ação de extinção de usufruto vidual proposta pela nu-proprietária, a sentença reconheceu sua procedência em razão das dívidas acumuladas pela usufrutuária relativas ao condomínio e ao IPTU, por poderem ser equiparadas à deterioração da coisa. Outrossim, julgou improcedente ação de consignação oferecida pela usufrutuária por insuficiência do valor depositado durante

[21] BRASIL. Superior Tribunal de Justiça. Segunda Turma. REsp nº 691.714/SC. Relator: ministro Franciulli Neto. Julgamento em 22 de março de 2000. *DJ*, 27 jun. 2005, grifos no original.

o trâmite da ação de extinção de usufruto. Antes do julgamento da apelação que confirmou a sentença, discutiu-se a competência recursal. Nesse ínterim, na execução de cobrança das parcelas condominiais e impostos não pagos pela usufrutuária, as partes firmaram acordo. Daí o recurso especial da usufrutuária, ora recorrente, alegando a perda de objeto da ação de extinção de usufruto, uma vez que não restaria mais dívida. Explica a Min. Relatora, com base na doutrina, que o usufruto vidual inclui-se entre as espécies de usufrutos legais, ou seja, estabelecidos em lei, portanto não se trata de uma categoria autônoma de direito real sobre coisa alheia, mas de uma espécie incluída no amplo gênero do usufruto. Sendo assim, aplicam-se todas as disposições que regulam o instituto, bem como a regra que disciplina sua extinção, notadamente o art. 739 do CC/1916. Ressalta, também, que é pacífica a jurisprudência deste Superior Tribunal no sentido de ser responsabilidade do usufrutuário o pagamento de despesas incidentes sobre o imóvel, inclusive os impostos. Portanto, o inadimplemento dessas despesas implica compactuar com o abandono do bem, sendo procedente a extinção do usufruto fundado no art. 739, VII, do CC/1916. Dessa forma, a Turma não conheceu o recurso. Precedentes citados: REsp 425.015-SP, DJ 30/6/2006, e REsp 202.261-RJ, DJ 12/6/2000 (REsp 1.018.179-RS, Rel. Min. Nancy Andrighi, julgado em 21/8/2008).[22]

DIREITO CIVIL. USUFRUTO VIDUAL. PEDIDO DE EXTINÇÃO FORMULADO POR NU-PROPRIETÁRIO, COM FUNDAMENTO EM ACÚMULO, POR PARTE DO USUFRUTUÁRIO, DE DÍVIDAS INCIDENTES SOBRE O IMÓVEL. PROCEDÊNCIA.

– O CC/16 prevê em seu art. 1.611, § 1º, como causa para a extinção do usufruto vidual, apenas a "cessação da viuvez".

[22] BRASIL. Superior Tribunal de Justiça. Informativo nº 364, 8 a 22 ago. 2008. Disponível em: <https://ww2.stj.jus.br/jurisprudencia/externo/informativo/>. Acesso em: 28 ago. 2015.

Contudo, o usufruto, como gênero, subdivide-se nas espécies de convencional e legal. O usufruto vidual nada mais é que uma subespécie do usufruto legal, de modo que, além da hipótese de extinção disciplinada no art. 1.611, § 1º, aplicam-se a ele também aquelas previstas no art. 739 do CC/16.

– O inc. IV do art. 739 do CC/16 determina a extinção do usufruto quando o usufrutuário "aliena, deteriora ou deixa arruinar os bens, não lhes acudindo com os reparos de conservação". O acúmulo de dívidas de responsabilidade do usufrutuário sobre o imóvel inclui-se entre as causas de extinção descritas nesse inciso, notadamente na hipótese em que a desídia do usufrutuário chega a ponto de permitir a propositura de ação de execução pelos credores, da qual resultaria o praceamento do bem. A perda do imóvel em alienação judicial não se diferencia, do ponto de vista substancial, de sua deterioração ou de sua ruína. Recurso especial não conhecido.[23]

IPTU e posse do bem

TRIBUTÁRIO. IPTU. CONTRIBUINTE. POSSUIDOR POR RELAÇÃO DE DIREITO PESSOAL. ART. 34 DO CTN.

1. O IPTU é imposto que tem como contribuinte o proprietário ou o possuidor por direito real, que exerce a posse com *animus domini*.

2. O cessionário do direito de uso é possuidor por relação de direito pessoal e, como tal, não é contribuinte do IPTU do imóvel que ocupa.

3. Recurso especial improvido.[24]

[23] BRASIL. Superior Tribunal de Justiça. Terceira Turma. REsp nº 1.018.179/RS. Relatora: ministra Nancy Andrighi. Julgamento em 21 de agosto de 2008. *DJe*, 5 set. 2008.
[24] BRASIL. Superior Tribunal de Justiça. Segunda Turma. REsp nº 685.316/RJ. Relator: ministro Castro Meira. Julgamento em 8 de março de 2005. *DJ*, 18 abr. 2005.

Espacial

Todo imóvel do território nacional que esteja localizado dentro da zona urbana do município, estabelecida por lei, geralmente em seu plano diretor, será objeto de IPTU, bastando para isso que sejam atendidos os requisitos constantes do art. 32 do CTN.

Há um relevante embate jurídico em torno do critério a ser utilizado para a configuração do IPTU, se o da localização ou o da destinação do imóvel.

De acordo com o CTN, o IPTU somente poderá incidir sobre bens imóveis que estejam situados em zona urbana definida pelo plano diretor do município. Prestigia-se o critério da localização, ou topográfico, em detrimento do critério da destinação do imóvel. Se o imóvel estiver situado fora da zona urbana do município, será o caso da incidência do ITR, cuja competência pertence à União.[25]

Para que determinada área seja tida por urbana, faz-se mister a observância de, ao menos, duas exigências contidas no § 1º do art. 32 do CTN.

Para o STJ, órgão ao qual incumbe unificar a interpretação da lei federal, o critério topográfico não é suficiente para caracterizar um imóvel como urbano ou rural, fazendo-se imprescindível o cotejo com sua destinação principal. Entende a Corte de Justiça que o Decreto-Lei nº 57, de 18 de novembro de 1966, também foi recepcionado pela Constituição com *status* de lei complementar.

Segundo esse posicionamento, que se utiliza do critério da destinação do imóvel, caso certo imóvel se localize dentro da zona urbana de um município, mas tenha como destinação

---

[25] Mesmo que a cobrança e a arrecadação sejam delegadas aos municípios.

principal a exploração extrativa vegetal, agrícola, pecuária ou agroindustrial,[26] incidirá o ITR.

Também se consideram urbanas as áreas urbanizáveis ou de expansão urbana que estejam em loteamentos aprovados pelo órgão municipal competente[27] e que se destinem à habitação, à indústria ou ao comércio. Nessa hipótese, o § 2º do art. 32 do CTN dispensa a exigência de observância de, pelo menos, dois dos melhoramentos elencados no § 1º desse dispositivo.

Assim, a área definida pelo plano diretor como rural pode vir a sujeitar-se ao IPTU, desde que se destine à urbanização ou à expansão urbana, conforme tratado anteriormente. Tal cobrança ocorrerá a partir da aprovação do loteamento pelo órgão competente do município no qual se situarem os imóveis em questão.

Critério. Destinação. IPTU

PROCESSUAL CIVIL E TRIBUTÁRIO. ART. 535 DO CPC. OMISSÃO. INEXISTÊNCIA. IPTU. IMÓVEL SITUADO NA ZONA URBANA. CRITÉRIO DA DESTINAÇÃO ECONÔMICA. NECESSIDADE DE COMPROVAÇÃO. REEXAME DE FATOS E PROVAS. SÚMULA 7/STJ.

1. Não viola o artigo 535 do CPC nem importa negativa de prestação jurisdicional o acórdão que, mesmo sem ter examinado individualmente cada um dos argumentos trazidos pelo vencido, adotou fundamentação suficiente para decidir de modo integral a controvérsia.

2. O critério da localização do imóvel é insuficiente para que se decida sobre a incidência do IPTU ou ITR, sendo necessário observar-se o critério da destinação econômica. Entretanto, é

---

[26] Art. 15 do Decreto-Lei nº 57/1966.
[27] Geralmente tal órgão é a Secretaria Municipal de Urbanismo.

impossível, sem revolver as provas e fatos dos autos, informar a premissa consignada pelo aresto recorrido de que o imóvel não é utilizado para exploração agrícola e pecuária. Incidência da Súmula 7/STJ.

3. Recurso especial conhecido em parte e não provido.[28]

TRIBUTÁRIO. IPTU. ITR. IMÓVEL. EXPLORAÇÃO EXTRATIVA VEGETAL. ART. 32 DO CTN, 15 DO DECRETO-LEI Nº 57/1966.

1. O artigo 15 do Decreto-Lei nº 57/1966 exclui da incidência do IPTU os imóveis cuja destinação seja, comprovadamente, a de exploração agrícola, pecuária ou industrial, sobre os quais incide o Imposto Territorial Rural – ITR, de competência da União.

2. Tratando-se de imóvel cuja finalidade é a exploração extrativa vegetal, ilegítima é a cobrança, pelo Município, do IPTU, cujo fato gerador se dá em razão da localização do imóvel e não da destinação econômica. Precedente.

3. Recurso especial improvido.[29]

AGRAVO REGIMENTAL NO RECURSO ESPECIAL. TRIBUTÁRIO. IPTU. VIOLAÇÃO DO ART. 32, § 1º, DO CTN. NÃO OCORRÊNCIA. IMÓVEL SITUADO NA ZONA URBANA. ART. 15 DO DECRETO 57/66. CRITÉRIO DA DESTINAÇÃO ECONÔMICA. NECESSIDADE DE COMPROVAÇÃO. AGRAVO REGIMENTAL DESPROVIDO.

1. *O critério da localização do imóvel é insuficiente para que se decida sobre a incidência do IPTU ou ITR, sendo necessário observar-se o critério da destinação econômica, conforme já decidiu*

[28] BRASIL. Superior Tribunal de Justiça. Segunda Turma. REsp nº 1.027.775/SP. Relator: ministro Castro Meira. Julgamento em 7 de agosto de 2008. *DJe*, 4 set. 2008.

[29] BRASIL. Superior Tribunal de Justiça. Segunda Turma. REsp nº 738.628/SP. Relator: ministro Castro Meira. Julgamento em 12 de maio de 2005. *DJ*, 20 maio 2005.

a Egrégia 2ª Turma, com base em posicionamento do STF sobre a vigência do DL nº 57/66 (AgRg no Ag 498.512/RS, 2ª Turma, Rel. Min. Francisco Peçanha Martins, DJ de 16/05/2005). 2. Não tendo o agravante comprovado perante as instâncias ordinárias que o seu imóvel é destinado economicamente à atividade rural, deve incidir sobre ele o Imposto Predial e Territorial Urbano. 3. Agravo regimental desprovido.[30]

Temporal

As leis municipais preveem a incidência do IPTU sobre a propriedade, o domínio útil ou a posse em 1º de janeiro de cada ano. Trata-se de fato gerador continuado ou complexivo e não instantâneo.

O fato gerador não consiste na propriedade, no domínio útil ou na posse do bem durante um ano, mas na propriedade, no domínio útil ou na posse do bem imóvel no dia 1º de janeiro. Isso gera algumas consequências, entre elas, a mais importante, é que não se admite restituição ou repetição de indébito tributário se houver ocorrido descontinuidade da propriedade ao longo do ano.

Outra relevante função do elemento temporal é a fixação e aplicação dos princípios da anterioridade e da irretroatividade.

Quantitativo

Por meio desse elemento será definido o valor do tributo a ser pago, traçando-se uma relação entre a base de cálculo e a alíquota incidente no IPTU.

---

[30] BRASIL. Superior Tribunal de Justiça. Primeira Turma. AgRg no REsp nº 679.173/SC. Relatora: ministra Denise Arruda. Julgamento em 11 de setembro de 2007. *DJ*, 1º ago. 2007, grifo no original.

De acordo com o art. 33 do CTN, "a base de cálculo do imposto é o valor venal do imóvel" desconsiderando-se o valor dos bens móveis mantidos, em caráter permanente ou temporário, no imóvel, para efeito de sua utilização, exploração, aformoseamento ou comodidade.

Valor venal, em tese, é aquele aplicado em caso de venda à vista do imóvel no mercado. No que concerne ao IPTU, porém, a base a ele atribuída não equivale, efetivamente, ao seu valor de mercado. Isso se deve à inviabilidade técnica de o município aferir, por meio do setor competente designado, todos os imóveis, um a um, localizados em seu território.

Assim, o valor venal, para fins de IPTU, não se confunde com o valor lançado nas escrituras para efeito do cálculo do montante devido a título de imposto sobre transmissão de bens imóveis (ITBI), também de competência municipal.

A instituição da base de cálculo do IPTU depende de lei formal do município, com espeque no art. 97, II, do CTN. No entanto, deve-se destacar o que dispõe o § 2º desse dispositivo, *in literis*: "Não constitui majoração de tributo, para os fins do disposto no inciso II deste artigo, a atualização do valor monetário da respectiva base de cálculo".

Com isso, a atualização do valor monetário da base de cálculo do IPTU, como ocorre com os demais tributos, pode ser promovida por meio de ato administrativo.[31]

Desse modo, para que não seja configurada uma majoração disfarçada do tributo, deve-se respeitar o índice oficial de correção monetária. Se não for respeitado tal índice oficial, essa

---

[31] Normalmente, tal fato ocorre com a edição de decreto do chefe do Poder Executivo municipal.

suposta atualização que, materialmente representaria majoração do tributo, deverá ser implementada via lei em sentido estrito.

Desmembramento de unidade. IPTU e base de cálculo

TRIBUTÁRIO. RECURSO ESPECIAL. IPTU. DESTINAÇÃO DE IMÓVEL ANTERIORMENTE RESIDENCIAL A TRÊS ATIVIDADES COMERCIAIS. TRIPLICAÇÃO DO VALOR VENAL DO BEM. IMPOSSIBILIDADE. ART. 33 DO CTN. DISSÍDIO JURISPRUDENCIAL NÃO DEMONSTRADO. AUSÊNCIA DE PREQUESTIONAMENTO. SÚMULA 282/STF.

1. *Ação declaratória negativa* proposta por Joás de Brito Pereira contra o Município de João Pessoa/PB em que se discute a existência de três cobranças de IPTU referentes ao mesmo imóvel, em decorrência da exploração de três atividades comerciais no mesmo. *Sentença* julgando improcedente o pedido sob o fundamento de que há três imóveis com finalidade comercial, alterando significativamente o fato gerador do tributo. Interposta *apelação* pelo autor, o TJPB deu-lhe provimento considerando não ter ocorrido o necessário desmembramento em unidades distintas, sendo o valor venal do imóvel a base de cálculo do imposto, e não o seu uso. *Recurso especial* do ente público alegando violação dos arts. 33 e 97, § 2º, do CTN, além de dissídio jurisprudencial, em razão da modificação da finalidade do imóvel, sendo subdividido em três, restando correto o valor cobrado, tendo havido mera atualização da base de cálculo (valor venal do imóvel). *Contrarrazões* sustentando que a destinação dada ao imóvel não equivale a transformá-lo em três outros.

2. Não se conhece de recurso especial fincado na alínea "c", inciso III, do art. 105, da CRFB/1988, quando a alegada divergência jurisprudencial não é devidamente demonstrada, nos moldes em que exigida pelo parágrafo único, do artigo 541, do CPC, c/c o art. 255 e seus §§, do RISTJ.

3. Ausência de pronunciamento do acórdão recorrido quanto ao art. 97 do CTN. Incidência do enunciado nº 282 da Súmula do STF. Não conhecimento.

4. A base de cálculo do IPTU é o valor venal do imóvel (art. 33 do CTN), sendo indiferente a destinação que lhe é dada. Existente apenas uma matrícula e um registro imobiliário do bem, incabível a existência de três lançamentos tributários. Bitributação verificada.

5. O exame do acerto do valor venal arbitrado pelo Município encontra óbice na Súmula nº 7/STJ.

6. Recurso especial parcialmente conhecido e não provido.[32]

Ainda quanto ao tema, deve-se dizer que o STF, ao reconhecer a repercussão geral do RE nº 648.245/MG, consolidou o entendimento de que "a majoração do valor venal de imóveis para efeito da cobrança do IPTU não prescinde da edição de lei, em sentido formal, exigência que somente se pode afastar quando a atualização não excede os índices inflacionários anuais de correção monetária", nos termos da ementa que se passa a transcrever:

Recurso extraordinário. 2. Tributário. 3. Legalidade. 4. IPTU. Majoração da base de cálculo. Necessidade de lei em sentido formal. 5. Atualização monetária. Possibilidade. 6. É inconstitucional a majoração do IPTU sem edição de lei em sentido formal, vedada a atualização, por ato do Executivo, em percentual superior aos índices oficiais. 7. Recurso extraordinário não provido.[33]

---

[32] BRASIL. Superior Tribunal de Justiça. Primeira Turma. REsp nº 739.419/PB. Relator: ministro José Delgado. Julgamento em 2 de junho de 2005. *DJ*, 27 jun. 2005, grifos no original.
[33] BRASIL. Supremo Tribunal Federal. Tribunal Pleno. RE nº 648.245/MG. Relator: ministro Gilmar Mendes. Julgamento em 1º de agosto de 2013. *DJe*, 24 fev. 2014.

Alíquota

Cabe à lei ordinária municipal o estabelecimento das alíquotas do IPTU. Não há que se falar em limitações externas, seja em relação à alíquota mínima ou à máxima, desde que não configure confisco. Os municípios são livres para a fixação das alíquotas, mediante lei em sentido estrito, devendo obediência apenas aos princípios constitucionais que limitam o exercício da competência tributária.

Questão polêmica e tormentosa, em sede doutrinária e jurisprudencial, é a possibilidade de *progressividade do IPTU*. Existem duas modalidades de progressividade: a extrafiscal (art. 182, § 4º, III, da CRFB/1988) e a fiscal (art. 156, § 1º, I, da CRFB/1988).

A Constituição afirma que, sem prejuízo da progressividade no tempo a que se refere seu art. 182, § 4º, III, o IPTU poderá ser progressivo em razão do valor do imóvel (art. 156, § 1º, I, da CRFB/1988). No entanto, o Texto Maior traz, no inciso II do § 1º do art. 156, a viabilidade de instituir alíquotas diferenciadas tomando-se por base a localização e o uso do imóvel. Essas previsões constitucionais foram introduzidas pela Emenda Constitucional (EC) nº 29, de 13 de setembro de 2000.

A extrafiscalidade do IPTU progressivo em decorrência do descumprimento da função social da propriedade justifica-se pelo incentivo ao seu atendimento. Logo, não se pode considerar a progressividade do IPTU como sanção por ato ilícito, consistente no desrespeito à função social sobredita.

No que concerne à progressividade fiscal, como a finalidade do IPTU é predominantemente arrecadatória, sua alíquota aumenta na proporção do crescimento da base de cálculo, promovendo, assim, o princípio da capacidade contributiva.

A partir da EC nº 29/2000, a Constituição passou a admitir expressamente a existência de alíquotas diferentes do IPTU em razão da localização e do uso do imóvel, nos termos do que dispõe o inciso II do § 1º de seu art. 156. A questão que se coloca é saber se essa autorização de alíquotas diferentes equivaleria a uma nova espécie de progressividade.

É relevante distinguir a progressividade da seletividade, sendo certo que a progressividade pode ser no tempo ou extrafiscal, utilizada como instrumento de política urbana, e fiscal, com nítido teor arrecadatário.

Na progressividade no tempo, a alíquota cresce em função do período em que o contribuinte se mantém em desacordo com os ditames do plano de urbanização editado pelo município no qual se situa. Esse descompasso com as diretrizes traçadas pelo plano diretor acarreta o descumprimento da função social da propriedade, fazendo incidir a progressividade extrafiscal, com um viés pedagógico, ou seja, incentivando a obediência ao plano diretor do município.

Essas duas figuras de progressividade em nada se confundem com a seletividade de alguns impostos. Assim, consiste em imposto seletivo aquele cujas alíquotas são diversas em razão da essencialidade da coisa objeto da tributação.

Nesses termos, temos que o inciso II do § 1º do art. 156 da Lei Maior estabelece uma forma de seletividade em relação à incidência do IPTU, ora em relação à forma de sua utilização, ora tomando-se por base a localização do imóvel.

Em relação ao dispositivo *sub examinem*, vem sendo debatida em sede doutrinária a possibilidade de o município dividir o imposto em dois, sendo um para o imóvel construído e outro para o não construído.

Ricardo Ferreira afirma:

> Em alguns municípios, o IPTU é dividido em dois impostos distintos: 1 – imposto sobre a propriedade predial (incidente

sobre imóvel construído); 2 – imposto sobre a propriedade territorial urbana (incidente sobre imóvel não construído). Nesse caso, constitui fato gerador do imposto predial a propriedade, o domínio útil ou a posse de bem imóvel construído, localizado na zona urbana do Município, enquanto o fato gerador do imposto territorial urbano é a propriedade, o domínio útil ou a posse de bem imóvel não construído (terreno), localizado na zona urbana do Município.[34]

Cláudio Carneiro entende que a simples duplicidade das alíquotas para imóveis edificados e não edificados não se confundiria com a progressividade, daí não haver inconstitucionalidade.[35] Essa posição é referendada pelo STF.

O STJ afirma que não existe no CTN previsão ou proibição em relação às alíquotas diferenciadas para os imóveis, e o Tribunal de Justiça do Estado do Rio de Janeiro, quando do julgamento da Representação de Inconstitucionalidade nº 2002.017.00005 afirmou a constitucionalidade da Lei Municipal nº 2.955, de 29 de dezembro de 1999, que institui três alíquotas, sendo: residencial (1,2%), não residencial (2,8%) e territorial (3,5%).

O STF, analisando a citada legislação do município do Rio de Janeiro (Lei Municipal nº 2.955/1999), que é anterior à EC nº 29/2000), entendeu que a diferenciação de alíquotas, em razão do tipo de imóvel (edificado/não edificado/comercial/residencial) não se confunde com a progressividade fiscal vetada e era possível antes da emenda.

Nem todos os autores, no entanto, concordam que seriam dois impostos, apesar de admitirem alíquotas diferenciadas. Esta é a posição sustentada pelo professor Hugo de Brito Machado:

---

[34] FERREIRA, Ricardo J. *Manual do ICMS do Rio de Janeiro*. 2. ed. Rio de Janeiro: Ferreira, 2007.
[35] CARNEIRO, Cláudio. *Impostos federais, estaduais e municipais*. 3. ed. Rio de Janeiro: Lumen Juris, 2012. p. 36-37.

O imposto é sobre a propriedade imóvel, que abrange o terreno e as edificações no mesmo existentes. Isto não quer dizer que a lei não possa estabelecer alíquotas diferentes, para imóveis edificados e imóveis não edificados. Pode, como também pode estabelecer alíquotas diversas para os imóveis não edificados, em razão da respectiva localização. Realmente, quando se diz que o IPTU é um único imposto, que incide sobre a propriedade imobiliária urbana, apenas se quer dizer que o fato gerador desse imposto é a propriedade, o imóvel, seja edificado ou não. Não dois impostos, um sobre o terreno e outro sobre edificações.[36]

Para Luiz Emygdio da Rosa Jr.,

apesar de o artigo 156, I da CF de 1988 referir-se a imposto sobre a propriedade predial e territorial urbana, não quer significar que faça a previsão de dois impostos: um sobre a propriedade predial e outro sobre a propriedade urbana, porque o mencionado dispositivo constitucional contempla em único imposto.[37]

Por fim, Sacha Calmon entende que

no IPTU as alíquotas podem e devem ser progressivas, para realizar o princípio da capacidade contributiva, malgrado a Súmula nº 589 do STF que só admite a progressividade se for a extrafiscal, para fins de política urbana. A súmula está superada pelo art. 156, § 1º, I e II.[38]

---

[36] MACHADO, Hugo de Brito. *Curso de direito tributário*. 28. ed. São Paulo: Malheiros, 2007.

[37] ROSA JR., Luiz Emygdio F. da. *Manual de direito financeiro e direito tributário*. 19. ed. Rio de Janeiro: Renovar, 2006.

[38] COÊLHO, Sacha Calmon Navarro. *Curso de direito tributário brasileiro*. 9. ed. Rio de Janeiro: Forense, 2006. p. 585.

Progressividade. IPTU

IPTU. Progressividade. – No sistema tributário nacional é o IPTU inequivocamente um imposto real. – Sob o império da atual Constituição, não é admitida a progressividade fiscal do IPTU, quer com base exclusivamente no seu artigo 145, § 1º, porque esse imposto tem caráter real que é incompatível com a progressividade decorrente da capacidade econômica do contribuinte, quer com arrimo na conjugação desse dispositivo constitucional (genérico) com o artigo 156, § 1º (específico). – A interpretação sistemática da Constituição conduz inequivocamente à conclusão de que o IPTU com finalidade extrafiscal a que alude o inciso II do § 4º do artigo 182 é a explicitação especificada, inclusive com limitação temporal, do IPTU com finalidade extrafiscal aludido no artigo 156, I, § 1º. – Portanto, é inconstitucional qualquer progressividade, em se tratando de IPTU, que não atenda exclusivamente ao disposto no artigo 156, § 1º, aplicado com as limitações expressamente constantes dos §§ 2º e 4º do artigo 182, ambos da Constituição Federal. Recurso extraordinário conhecido e provido, declarando-se inconstitucional o subitem 2.2.3 do setor II da Tabela III da Lei 5.641, de 22/12/1989, no município de Belo Horizonte.[39]

CONSTITUCIONAL. TRIBUTÁRIO. IMPOSTO DE TRANSMISSÃO DE IMÓVEIS, *INTER VIVOS* – ITBI. ALÍQUOTAS PROGRESSIVAS. C.F., art. 156, II, § 2º. Lei nº 11.154, de 30/12/1991, do Município de São Paulo, SP. I. – Imposto de transmissão de imóveis, *inter vivos* – ITBI: alíquotas progressivas: a Constituição Federal não autoriza a progressividade das alíquotas, realizando-se

---

[39] BRASIL. Supremo Tribunal Federal. Tribunal Pleno. RE nº 153.771/MG. Relator: ministro Carlos Velloso. Relator p/ acórdão: ministro Moreira Alves. Julgamento em 20 de novembro de 1996. *DJ*, 6 set. 1997.

o princípio da capacidade contributiva proporcionalmente ao preço da venda. II. – R.E. conhecido e provido.[40]

IMPOSTO PREDIAL E TERRITORIAL URBANO – PROGRESSI-VIDADE – FUNÇÃO SOCIAL DA PROPRIEDADE – EMENDA CONSTITUCIONAL Nº 29/2000 – LEI POSTERIOR. Surge legítima, sob o ângulo constitucional, lei a prever alíquotas diversas presentes em imóveis residenciais e comerciais, uma vez editada após a Emenda Constitucional nº 29/2000.

Em conclusão, o Plenário proveu recurso extraordinário interposto pelo Município de São Paulo e reconheceu a constitucionalidade da EC 29/2000 e da Lei municipal 6.989/1966, na redação dada pela Lei municipal 13.250/2001, que estabeleceu alíquotas progressivas para o IPTU tendo em conta o valor venal e a destinação do imóvel. O recurso impugnava acórdão o qual provera apelação em mandado de segurança e declarara a inconstitucionalidade da referida Lei municipal 13.250/2001 por vislumbrar ofensa aos princípios da isonomia e da capacidade contributiva, e ao art. 60, § 4º, IV, da CF – v. Informativo 433. Após mencionar os diversos enfoques dados pela Corte em relação à progressividade do IPTU, em período anterior à EC 29/2000, concluiu-se, ante a interpretação sistemática da Constituição Federal, com o cotejo do § 1º do seu art. 156 com o § 1º do seu art. 145, que essa emenda teria repelido as premissas que levaram a Corte a ter como imprópria a progressividade do IPTU. Enfatizou-se que a EC 29/2000 veio apenas aclarar o real significado do que disposto anteriormente sobre a graduação dos tributos, não tendo abolido nenhum direito ou garantia individual, visto que a redação original da CRFB já versava a progressividade dos impostos e a consideração da

---

[40] BRASIL. Supremo Tribunal Federal. Tribunal Pleno. RE nº 234.105/SP. Relator: ministro Carlos Velloso. Julgamento em 8 de abril de 1999. *DJ*, 31 mar. 2000.

capacidade econômica do contribuinte, não se tratando, assim, de inovação apta a afastar algo que pudesse ser tido como integrado a patrimônio.

Ressaltou-se que o § 1º do art. 145 possuiria cunho social da maior valia, tendo como objetivo único, sem limitação do alcance do que nele estaria contido, o estabelecimento de uma gradação que promovesse justiça tributária, onerando os que tivessem maior capacidade para pagamento do imposto. Asseverou-se, no ponto, que o texto constitucional homenagearia a individualização, determinando que se atentasse à capacidade econômica do contribuinte, a qual haveria de ser aferida sob os mais diversos ângulos, inclusive o valor, em si, do imóvel. Observou-se ser necessário emprestar aos vocábulos da norma constitucional o sentido próprio, não se podendo confundir a referência à capacidade econômica com a capacidade financeira, cedendo a tradicional dicotomia entre tributo pessoal e real ao texto da Carta da República. Frisou-se que essa premissa nortearia a solução de conflitos de interesse ligados à disciplina da progressividade, buscando-se, com isso, alcançar o objetivo da República, a existência de uma sociedade livre, justa e solidária. Aduziu-se que a lei impugnada, por sua vez, teria sido editada em face da competência do Município e com base no § 1º do art. 156 da CRFB, na redação dada pela EC 29/2000, concretizando, portanto, a previsão constitucional. Salientou-se que o texto primitivo desse dispositivo não se referia ao valor do imóvel e à localização e ao uso respectivos, mas previa a progressividade como meio de se assegurar o cumprimento da função social da propriedade.

Nesta assentada, o Min. Celso de Mello registrou haver atualmente um modelo de progressividade que não mais se qualificaria como a simples progressividade-sanção em virtude exatamente da específica vinculação do instituto da progressividade tributária, em tema de IPI, ao cumprimento da função social da propriedade urbana, notadamente quando analisada em face das exigências públicas de adequada ordenação do solo urbano. Reputou que a pretensão de inconstitucionalidade, no presente caso, seria afastada precisamente pelo conteúdo inequívoco do próprio discurso normativo que se encerraria no texto da EC 29/2000, portanto, não mais apenas a progressividade-sanção, mas também, agora, o instituto da progressividade como medida de isonomia, como medida de justiça fiscal. Concluiu que, em face da EC 29/2000, o conteúdo de que se mostraria impregnada a Súmula 668 do STF poderia ser então superada, tendo em vista o fato de que se mostraria plenamente legítimo e possível ao Município adequar o seu modelo pertinente ao IPTU à clausula da progressividade, tal como prevista no § 1º do art. 156 da CRFB. Alguns precedentes citados: RE 153771/MG (DJU de 27.11.96); RE 234105/SP (DJU de 31/03/2000).[41]

CONSTITUCIONAL E TRIBUTÁRIO. INCONSTITUCIONA-LIDADE DA PROGRESSIVIDADE DE IPTU. POSSIBILIDADE DA COBRANÇA COM BASE NA ALÍQUOTA MÍNIMA. LEI MUNICIPAL DE IPATINGA 1.206/91.

1. A jurisprudência desta Corte é uníssona no sentido de que o reconhecimento da inconstitucionalidade da progressividade do IPTU não afasta a cobrança total do tributo, devendo ser realizada pela forma menos gravosa prevista em lei. Precedentes.

2. Agravo regimental improvido.[42]

---

[41] BRASIL. Supremo Tribunal Federal. Informativo STF nº 611, 29 nov. a 13 dez. 2010. Disponível em: <www.stf.jus.br/arquivo/informativo/documento/informativo611.htm>. Acesso em: 28 ago. 2015 (RE nº 423.768/SP. Relator: ministro Marco Aurélio. Julgamento em 1º de dezembro de 2010. *DJe*, 10 maio 2011).

[42] BRASIL. Supremo Tribunal Federal. Segunda Turma. AI nº 605.018 AgR/AC. Relatora: ministra Ellen Gracie. Julgamento em 1º de dezembro de 2009. *DJe*, 18 dez. 2009.

EXTRAORDINÁRIO. INADMISSIBILIDADE. CONTROLE DIFUSO OU INCIDENTAL DE INCONSTITUCIONALIDADE. LEIS MUNICIPAIS DO RIO DE JANEIRO. INSTITUIÇÃO DE IPTU COM ALÍQUOTAS PROGRESSIVAS E DE TAXAS DE ILUMINAÇÃO PÚBLICA E DE COLETA DE LIXO E LIMPEZA. INCONSTITUCIONALIDADE DECLARADA.

Pretensão de atribuição de efeitos *ex nunc*. Contrariedade à jurisprudência assentada pelo Supremo. Seguimento negado a agravo de instrumento. Improvimento ao agravo regimental. Inaplicabilidade do art. 27 da Lei nº 9.868/1999. Não se conhece de recurso extraordinário tendente a atribuir efeitos *ex nunc* a declaração incidental de inconstitucionalidade de leis municipais do Rio de Janeiro que instituíram IPTU com alíquotas progressivas e taxas de iluminação pública, de coleta de lixo e de limpeza urbana.[43]

AGRAVO REGIMENTAL NO AGRAVO DE INSTRUMENTO. IPTU. ALÍQUOTA PROGRESSIVA. IMPOSSIBILIDADE. 1. IPTU. Não se admite a progressividade fiscal decorrente da capacidade econômica do contribuinte, dada a natureza real do imposto. 2. A progressividade da alíquota do IPTU, com base no valor venal do imóvel, só é admissível para o fim extrafiscal de assegurar o cumprimento da função social da propriedade urbana (art. 156, I, § 1º e art. 182, § 4º, II, CF). 3. Precedentes. Agravo regimental a que se nega provimento.[44]

PROCESSUAL CIVIL. TRIBUTÁRIO. EMBARGOS À EXECUÇÃO FISCAL. COBRANÇA DE IPTU, TCLLP E TIP. SÚMULA

[43] BRASIL. Supremo Tribunal Federal. Segunda Turma. AI nº 501.797 AgR/RJ. Relator: ministro Cezar Peluso. Julgamento em 16 de outubro de 2007. *DJe*, 9 nov. 2007.
[44] BRASIL. Supremo Tribunal Federal. Primeira Turma. AI nº 468.801 AgR/SP. Relator: ministro Eros Grau. Julgamento em 21 de setembro de 2004. *DJ*, 15 out. 2004.

Nº 668 DO EGRÉGIO SUPREMO TRIBUNAL FEDERAL. EFEITOS *EX TUNC*. INAPLICABILIDADE DO PRINCÍPIO DA RESERVA DE PLENÁRIO QUANDO PRESENTE HIPÓTESE DE QUE TRATA O PARÁGRAFO ÚNICO DO ART. 481 DO CPC. EFEITOS PROSPECTIVOS DA DECLARAÇÃO DE INCONSTI-TUCIONALIDADE REITERADAMENTE APRECIADOS PELO COLENDO SUPREMO TRIBUNAL FEDERAL NO SENTIDO DE QUE A DECLARAÇÃO DE INCONSTITUCIONALIDADE DOS TRIBUTOS DO MUNICÍPIO DO RIO DE JANEIRO TEM EFEI-TOS *EX TUNC*. RECURSO AO QUAL SE NEGA SEGUIMENTO COM BASE NO ART. 557 DO CPC. AGRAVO INTERNO.

I. Nos termos da Súmula nº 668 do Supremo Tribunal Federal, "é inconstitucional a lei municipal que tenha estabelecido, antes da Emenda Constitucional 29/2000, alíquotas progressivas para o IPTU, salvo se destinada a assegurar o cumprimento da função social da propriedade urbana";

II. TCLLP e TIP inoculadas com o vírus da ilegalidade, conforme numerosos precedentes jurisprudenciais;

III. Inúmeros julgados, tanto do egrégio Supremo Tribunal Federal, quanto do colendo Superior Tribunal de Justiça, prestigiam o entendimento de que os efeitos da declaração de inconstitucionalidade na cobrança do tributo IPTU do município do Rio de Janeiro devem ter eficácia *ex tunc* e não *ex nunc*;

IV. Decisão do relator em sintonia com a jurisprudência dominante;

V. Improvimento do recurso.[45]

IPTU e alíquotas diferenciadas

AGRAVOS REGIMENTAIS EM AGRAVO DE INSTRUMEN-TO. CONSTITUCIONAL. TRIBUTÁRIO. IPTU. ALÍQUOTAS

DIFERENCIADAS. OFENSA À CONSTITUIÇÃO FEDERAL. AUSÊNCIA. AGRAVO REGIMENTAL INTERPOSTO PELO MUNÍCIPIO. MANIFESTAMENTE INCABÍVEL. MULTA. AGRAVOS IMPROVIDOS. I. A jurisprudência da Corte é no sentido de que não viola a Constituição Federal a fixação de alíquotas diversas do IPTU em razão da destinação do imóvel. Precedentes. II. Agravo da municipalidade manifestamente incabível. III. Condenação do Município ao pagamento de multa. IV. Agravos regimentais improvidos.[46]

Questões de automonitoramento

1) Após ler o material, resuma o caso gerador apresentado no capítulo 7, identificando as partes envolvidas, os problemas atinentes e as soluções cabíveis.

2) Para fins de notificação do lançamento, faz-se necessária alguma providência a ser adotada pela municipalidade além do envio do carnê de pagamento do IPTU?

3) O art. 32 do CTN, ao prever como fato gerador do IPTU a propriedade, o domínio útil ou a posse de bem imóvel por natureza ou por acessão física afronta o disposto no art. 156, I, da Constituição Federal?

4) No que concerne aos critérios da localização e da destinação, qual o posicionamento atual das cortes superiores em relação ao critério a ser utilizado para fixação da incidência do IPTU?

5) Pense e descreva, mentalmente, alternativas para a solução do caso gerador apresentado no capítulo 7.

---

[46] BRASIL. Supremo Tribunal Federal. Primeira Turma. AI nº 642.412 AgR/RJ. Relator: ministro Ricardo Lewandowski. Julgamento em 6 de maio de 2008. *DJe*, 27 jun. 2008.

TRIBUTAÇÃO SOBRE PATRIMÔNIO

2

Imposto sobre a propriedade predial e territorial urbana (IPTU) e imposto sobre transmissão de bens imóveis *inter vivos* (ITBI)

Roteiro de estudo

Introdução

Conforme mencionado no capítulo precedente, este será destinado à complementação do estudo do IPTU e ao esgotamento do ITBI, que se iniciará na segunda parte deste capítulo.

Iniciaremos com alguns julgados relevantes inerentes ao IPTU, incluindo os enunciados sobre a matéria nas súmulas de jurisprudência dominante das cortes superiores.

Em seguida, passaremos à análise do ITBI, cuja estrutura de exposição será bastante similar à que foi apresentada quando do estudo do IPTU. Serão apresentados, em caráter preambular, a disciplina normativa e o percurso histórico do imposto em questão.

Visto isso, passaremos às principais características e à forma de lançamento do ITBI para, após, adentrarmos no estudo dos seus elementos objetivo, subjetivo, espacial, temporal e quantitativo.

Por fim, veremos os principais julgados das cortes superiores que abordam o ITBI.

IPTU: continuação do cap. 1. Demais julgados relevantes

Contrato de direito real de concessão de uso

> TRIBUTÁRIO. IMÓVEL DE DOMÍNIO DA UNIÃO. CONCESSÃO DE USO. IPTU. NÃO INCIDÊNCIA. CESSIONÁRIO. POSSE SEM *ANIMUS DOMINI*. PRECEDENTES.
>
> 1. Nos termos da jurisprudência desta Corte, o bem imóvel de domínio da União, ocupado por cessionária de uso de área, não se sujeita a incidência de IPTU, haja vista que a posse, nessa situação, não é dotada de *animus domini*.
>
> 2. O cessionário do direito de uso não é contribuinte do IPTU, haja vista que é possuidor por relação de direito pessoal, não exercendo *animus domini*, sendo possuidor do imóvel como simples detentor de coisa alheia.
>
> 3. Precedentes: AgRg no Ag 1207082/RJ, Rel. Ministro Hamilton Carvalhido, Primeira Turma, DJe 14/04/2010; AgRg no Ag 1129472/SP, Rel. Ministra Denise Arruda, Primeira Turma, DJe 01/07/2009; AgRg no REsp 947267/RJ, Rel. Ministro Francisco Falcão, Primeira Turma, DJ18/10/2007; REsp 681406/RJ, Rel. Ministro José Delgado, Primeira Turma, DJ 28/02/2005; AgRg no Ag 1243867/RJ, Rel. Ministro Humberto Martins, Segunda Turma, DJe 12/03/2010; AgRg no REsp 885.353/RJ, Rel. Ministro Mauro Campbell Marques, Segunda Turma, DJe 06/08/2009; REsp 933.699/RJ, Rel. Ministro Castro Meira, Segunda Turma, DJe 28/03/2008; REsp 325489/SP, Rel. Ministra Eliana Calmon, Segunda Turma, DJ 24/02/2003.
>
> 4. Agravo regimental a que se nega provimento.[47]

IPTU e finalidade do bem

Imunidade tributária. IPTU. Finalidade do bem. 1. A utilização do imóvel para atividade de lazer e recreação não configura desvio de finalidade com relação aos objetivos da Fundação caracterizada como entidade de assistência social. 2. A decisão que afasta o desvio de finalidade para o fim de assegurar a imunidade tributária com base no reconhecimento de que a atividade de recreação e lazer está no alcance dos objetivos da Fundação não agride o art. 150, § 4º, inciso VI, da Constituição Federal. 3. Recurso extraordinário conhecido, mas desprovido.[48]

IPTU. Área. Preservação permanente. Loteamento

PROCESSUAL CIVIL. TRIBUTÁRIO. RECURSO ESPECIAL. VIOLAÇÃO DE DISPOSITIVOS CONSTITUCIONAIS. ANÁLISE. IMPOSSIBILIDADE. IPTU. LOTEAMENTO. INCIDÊNCIA SOBRE ÁREA DE IMÓVEL URBANO DENOMINADA ÁREA DE PRESERVAÇÃO PERMANENTE. LEGALIDADE. RESTRIÇÃO À UTILIZAÇÃO DE PARTE DO IMÓVEL QUE NÃO DESNATURA A OCORRÊNCIA DO FATO GERADOR DO TRIBUTO. PROPRIEDADE. LIMITAÇÃO DE NATUREZA RELATIVA. AUSÊNCIA DE LEI ISENTIVA.

1. Hipótese em que se questiona a violação do artigo 32, I e II, do CTN, e dos artigos 5º, I, II, XXII, 156, § 1º, II, da Constituição Federal, ao argumento de que não deve incidir IPTU sobre área de preservação permanente interna a empreendimento imobiliário urbano.

2. Não se conhece do recurso especial por violação a dispositivos constitucionais, sob pena de se usurpar a competência do

---

[48] BRASIL. Supremo Tribunal Federal. Primeira Turma. RE nº 236.174/SP. Relator: ministro Menezes Direito. Julgamento em 2 de setembro de 2008. *DJe*, 24 out. 2008.

Supremo Tribunal Federal, nos termos do que dispõe o artigo 102, III, da Constituição Federal.

3. A restrição a utilização da propriedade referente à área de preservação permanente em parte de imóvel urbano (loteamento) não afasta a incidência do Imposto Predial e Territorial Urbano, uma vez que o fato gerador da exação permanece íntegro, qual seja, a propriedade localizada na zona urbana do município. Cuida-se de um ônus a ser suportado, o que não gera o cerceamento total da disposição, utilização ou alienação da propriedade, como ocorre, por exemplo, nas desapropriações. Aliás, no caso dos autos, a limitação não tem caráter absoluto, pois poderá haver exploração da área mediante prévia autorização da Secretaria do Meio Ambiente do município.

4. Na verdade, a limitação de fração da propriedade urbana por força do reconhecimento de área de preservação permanente, por si só, não conduz à violação do artigo 32 do CTN, que trata do fato gerador do tributo. O não pagamento da exação sobre certa fração da propriedade urbana é questão a ser dirimida também à luz da isenção e da base de cálculo do tributo, a exemplo do que se tem feito no tema envolvendo o ITR sobre áreas de preservação permanente, pois, para esta situação, por exemplo, há lei federal permitindo a exclusão de áreas da sua base de cálculo (artigo 10, § 1º, II, "a" e "b", da Lei 9.393/1996).

5. Segundo o acórdão recorrido, não há lei prevendo o favor legal para a situação dos autos, fundamento bastante para manter o *decisum*, pois o artigo 150, § 6º, da Constituição Federal, bem como o artigo 176 do Código Tributário Nacional exigem lei específica para a concessão de isenção tributária. Confiram-se: REsp 939.709/DF, Primeira Turma, Rel. Min. José Delgado, DJ de 27/02/2008; RMS 22.371/DF, Primeira Turma, Rel. Min. Francisco Falcão, DJ de 24/05/2007; REsp 582.055/RN, Segunda Turma, Rel. Min. Eliana Calmon, DJe de 18/04/2008; RMS 24.854/PE, Segunda Turma, Rel. Min. Castro Meira, DJ de 8/11/2007.

6. Recurso especial parcialmente conhecido e, nesta extensão, não provido.[49]

IPTU. Repetição. Indébito. Débito prescrito

PROCESSUAL CIVIL E TRIBUTÁRIO. REPETIÇÃO DE INDÉBITO. IPTU. ARTIGOS 156, INCISO V, E 165, INCISO I, DO CTN. INTERPRETAÇÃO CONJUNTA. PAGAMENTO DE DÉBITO PRESCRITO. RESTITUIÇÃO DEVIDA.

1. A partir de uma interpretação conjunta dos artigos 156, inciso V (que considera a prescrição como uma das formas de extinção do crédito tributário), e 165, inciso I (que trata a respeito da restituição de tributo), do CTN, há o direito do contribuinte à repetição do indébito, uma vez que o montante pago foi em razão de um crédito tributário prescrito, ou seja, inexistente. Precedentes: (REsp 1004747/RJ, Rel. Min. Luiz Fux, DJe 18/06/2008; REsp 636.495/RS, Rel. Min. Denise Arruda, DJ 02/08/2007)

2. Recurso especial provido.[50]

IPTU. Restituição. Indébito

TRIBUTÁRIO. IPTU. LEGITIMIDADE ATIVA. RESTITUIÇÃO DO INDÉBITO. COMPROVAÇÃO DA PROPRIEDADE. REEXAME DE FATOS E PROVAS. IMPOSSIBILIDADE. SÚMULA 7/STJ.

1. Nos termos da jurisprudência pacífica do STJ, tem legitimidade para pleitear a restituição de indébito tributário a parte que efetivou o pagamento indevido.

[49] BRASIL. Superior Tribunal de Justiça. Primeira Turma. REsp nº 1.128.981/SP. Relator: ministro Benedito Gonçalves. Julgamento em 18 de março de 2010. *DJe*, 25 mar. 2010.
[50] BRASIL. Superior Tribunal de Justiça. Segunda Turma. REsp nº 646.328/RS. Relator: ministro Mauro Campbell Marques. Julgamento em 4 de junho de 2008. *DJe*, 23 jun. 2009.

2. Tratando-se de IPTU, o *"contribuinte do imposto é o proprietário do imóvel, o titular do seu domínio útil, ou o seu possuidor a qualquer título"* (art. 34 do CTN).

3. Hipótese em que o Tribunal de origem expressamente consignou que a agravada comprovou a propriedade dos imóveis sobre os quais questiona a cobrança e requer a restituição do imposto devido.

Desconstituir tal premissa requer, necessariamente, o reexame de fatos e provas, o que é vedado a esta Corte pelo óbice da Súmula 7/STJ.

Agravo regimental improvido.[51]

Prescrição. Decretação. Créditos fiscais

PROCESSUAL CIVIL. RECURSO ESPECIAL. TRIBUTÁRIO. IPTU. PRESCRIÇÃO DOS CRÉDITOS TRIBUTÁRIOS ANTERIORMENTE AO AJUIZAMENTO DA AÇÃO FISCAL. DECRETAÇÃO DE OFÍCIO DA PRESCRIÇÃO. LEGALIDADE. INEXIGIBILIDADE DA CDA. POSSIBILIDADE DE INDEFERIMENTO DA INICIAL.

1. A prescrição pode ser decretada pelo juiz *ex officio* por ocasião do recebimento da petição inicial do executivo fiscal, sem necessidade de proceder à ordenação para citação do executado, porquanto configurada causa de indeferimento liminar da exordial, nos termos do art. 295, IV, c/c art. 219, § 5º, do CPC, bem assim de condição específica para o exercício do direito da ação executiva fiscal, qual seja, a exigibilidade da obrigação tributária materializada na CDA.

---

[51] BRASIL. Superior Tribunal de Justiça. Segunda Turma. AgRg no AREsp nº 102.261/RJ. Relator: ministro Humberto Martins. Julgamento em 15 de março de 2012. *DJe*, 23 mar. 2012, grifo no original.

2. A prescrição, na seara tributária, estampa certa singularidade, qual a de que dá azo não apenas à extinção da ação, mas do próprio crédito tributário, nos moldes do preconizado pelo art. 156, V, do CTN. Tanto é assim que, partindo-se de uma interpretação conjunta dos arts. 156, V, do CTN, que situa a prescrição como causa de extinção do crédito tributário, e 165, I, do mesmo diploma legal, ressoa inequívoco o direito do contribuinte à repetição do indébito, o qual consubstancia-se no montante pago a título de crédito fiscal inexistente, posto fulminado pela prescrição.

3. Com efeito, a jurisprudência desta Corte Especial perfilhava o entendimento segundo o qual era defeso ao juiz decretar, de ofício, a consumação da prescrição em se tratando de direitos patrimoniais (art. 219, § 5º, do CPC). Precedentes: REsp 642.618 – PR; Relator Ministro FRANCIULLI NETTO, Segunda Turma, DJ de 01/02/2005; REsp 327.268 – PE; Relatora Ministra ELIANA CALMON. Primeira Seção, DJ de 26/05/2003; REsp 513.348 – ES, Relator Ministro JOSÉ DELGADO, Primeira Turma, DJ de 17/11/2003.

4. A novel Lei 11.051, de 30 de dezembro de 2004, acrescentou ao art. 40 da Lei de Execuções Fiscais o parágrafo 4º, possibilitando ao juiz da execução a decretação de ofício da prescrição intercorrente.

5. O advento da aludida lei possibilita ao juiz da execução decretar *ex officio* a prescrição intercorrente, *desde que previamente ouvida a Fazenda Pública para que possa suscitar eventuais causas suspensivas ou interruptivas do prazo prescricional* (Precedentes: REsp 803.879 – RS, Relator Ministro JOSÉ DELGADO, Primeira Turma, DJ de 03 de abril de 2006; REsp 810.863 – RS, Relator Ministro TEORI ALBINO ZAVASCKI, Primeira Turma, DJ de 20 de março de 2006; REsp 818.212 – RS, Relator Ministro CASTRO MEIRA, Segunda Turma, DJ de 30 de março de 2006).

6. Tratando-se de norma de natureza processual, a sua aplicação é imediata, inclusive nos processos em curso, competindo

ao juiz da execução decidir a respeito da sua incidência, por analogia, à hipótese dos autos.

7. *Entrementes, in casu, a hipótese é diversa, posto não se tratar a presente demanda de decretação da prescrição intercorrente, mas acerca da possibilidade de decretação da prescrição de plano, por ocasião do recebimento da petição inicial do executivo fiscal.*

8. É de sabença que não há execução que não seja aparelhada por meio de título executivo, sendo este um documento indispensável à propositura da ação, cuja falta acarreta o indeferimento da petição inicial, na impossibilidade de sua emenda (arts. 583 e 284, do CPC e art. 6º, § 1º, da LEF e 203, do CTN).

9. É cediço que, uma vez proposta a demanda, cabe ao Judiciário apreciar sua legitimidade, procedendo a um juízo de admissibilidade da peça vestibular, o qual pode levar à sua admissão; à determinação de sua reforma, em razão de vícios meramente formais; ou à rejeição liminar, em virtude de vícios materiais, como o não atendimento aos requisitos necessários ao seu aperfeiçoamento, cujo acertamento seja insuprível.

10. No caso *sub examine*, a Certidão da Dívida Ativa ostenta os atributos de certeza – posto advir de lançamento de IPTU relativo aos exercícios de 1995 a 1999; de liquidez – porquanto consta do título a discriminação dos valores devidos; mas carece do requisito da exigibilidade, uma vez que os créditos fiscais encontram-se prescritos. Isso importa dizer que, conquanto tenham sido provados a existência e o objeto da dívida, falta ao referido título executivo condição específica ao exercício do direito da ação executiva fiscal, qual seja a exigibilidade da obrigação tributária materializada no título executivo extrajudicial – CDA, o que constitui óbice intransponível à exequibilidade do título.

11. *Nesse segmento, afigura-se inócua a oitiva da Municipalidade, posto consubstanciar matéria exclusivamente de direito, insuscetível de saneamento por parte da Fazenda Pública, por-*

quanto a prescrição dos créditos tributários deu-se anteriormente ao ajuizamento do executivo fiscal, sendo aferível de plano pelo juízo, quando do ato de recebimento da exordial, autorizando o magistrado a extinguir o processo in limine, nos termos do art. 269, IV, do CPC, em homenagem aos princípios da economia e da efetividade processual.

12. *A constituição definitiva do crédito tributário*, sujeita à decadência, inaugura o decurso do prazo prescricional de cinco anos para o Fisco cobrar judicialmente o crédito tributário.

13. No caso *sub judice*, tratando-se de IPTU, em que a notificação do lançamento tem-se por efetuada com o recebimento do carnê pelo correio, no início de cada exercício, quais sejam: 1995 a 1999 (fl. 38), o Juízo monocrático, corroborado pelo Tribunal *a quo*, decretou a prescrição dos mesmos.

14. A execução fiscal tendo sido proposta em 08/07/2005 (fl. 11) revela inequívoca a ocorrência da prescrição de todos os créditos exigidos pela Fazenda Municipal, porquanto decorrido o prazo prescricional quinquenal.

15. Recurso especial desprovido.[52]

RECURSO ESPECIAL. TRIBUTÁRIO. IMPOSTO SOBRE PROPRIEDADE TERRITORIAL URBANA (IPTU). TAXAS DE COLETA DE LIXO E LIMPEZA PÚBLICA E DE ILUMINAÇÃO PÚBLICA (TCLLP E TIP). REPETIÇÃO DE INDÉBITO. ILEGITIMIDADE ATIVA DO ADQUIRENTE DO IMÓVEL. PROCESSUAL CIVIL. MULTA DO ART. 557, § 2º, DO CPC. DESCABIMENTO.

1. É cediço na Corte que "*O direito à repetição de IPTU pago indevidamente é do sujeito passivo que efetivou o pagamento (CTN,*

---

[52] BRASIL. Superior Tribunal de Justiça. Primeira Turma. REsp nº 987.257/RJ. Relator: ministro Luiz Fux. Julgamento em 15 de abril de 2008. *DJe*, 14 maio 2008, grifos no original.

art. 165). Ocorrendo transferência de titularidade do imóvel, não se transfere tacitamente ao novo proprietário o crédito referente ao pagamento indevido. Sistema que veda o locupletamento daquele que, mesmo tendo efetivado o recolhimento do tributo, não arcou com o seu ônus financeiro (CTN, art. 166). Com mais razão, vedada é a repetição em favor do novo proprietário que não pagou o tributo e nem suportou, direta ou indiretamente, o ônus financeiro correspondente" (REsp 593.356/RJ, Rel. p/ acórdão Min. TEORI ALBINO ZAVASCKI, DJ 12/09/2005).

2. Ressalva do ponto de vista do Relator no sentido de que:

a) O ato translatício de domínio, que repassa ao adquirente todos os direitos e ações relacionados com o bem adquirido, confere-lhe, *a fortiori*, legitimidade ativa para reclamar a restituição dos valores indevidamente pagos a título de IPTU, Taxa de Conservação e Limpeza e Taxa de Combate a Sinistros, porquanto passa a ser novel titular do crédito a ser restituído, pleiteando em nome próprio, direito próprio (art. 6° do CPC);

b) A exegese dos artigos 32 e 123 do CTN indicam o sujeito passivo para fins de pagamento, mas não vedam que uma vez adimplida a exação, possa a mesma ser restituída ao novel titular do domínio quer por força da cessão do crédito, convencionado ou legal, quer em face da natureza *propter rem* da obrigação;

c) O art. 24 do CTN, por seu turno, apenas conceitua o sujeito passivo do imposto, posicionando na condição de contribuinte aquele que possui a propriedade do imóvel, o titular do domínio útil, ou o seu possuidor. Tal regra não impede que, em razão da aquisição do imóvel objeto do lançamento, seja cedido também ao adquirente o direito de obter a restituição de valores indevidamente recolhidos em período anterior à transferência do imóvel.

3. Precedente jurisprudencial do STJ: REsp 594.339/SP, Rel. p/ acórdão Min. JOSÉ DELGADO, DJ 30/08/2004.

4. Descabe a aplicação da multa com base no art. 557, § 2°, do CPC, ante a inexistência de abuso do direito de recorrer no

agravo regimental interposto, sem o qual não se viabilizaria a interposição do presente recurso especial.

5. Recurso Especial provido.[53]

TRIBUTÁRIO. IPTU. COBRANÇA INDEVIDA. CONTRATO DE CESSÃO DE USO. INAPLICABILIDADE DO ART. 34 DO CTN. I. Na esteira dos precedentes deste *e.g.* Tribunal, o IPTU deve ser cobrado do proprietário ou de quem detém o domínio útil ou a posse do imóvel, vinculando-se tal imposto a institutos de direito real. Assim sendo, tendo o contrato de concessão de uso de bem público natureza pessoal e não real, inexiste previsão legal para que o cessionário seja contribuinte do IPTU. II. Precedentes citados: REsp 692682/RJ, Segunda Turma, DJ de 29/11/2006 e REsp 681406/RJ, Primeira Turma, DJ de 28/02/2005. III. Nada obstante tenha sido esta a fundamentação da decisão agravada, qual seja, a aplicação da Súmula n. 83/STJ *in casu*, deixou a agravante de impugná-la, especificamente, motivo a obstaculizar o recurso de agravo, ora interposto, a Súmula n. 182/STJ. IV. Agravo regimental improvido.[54]

IPTU: continuação do cap. 1. Enunciados de súmulas de jurisprudência dominante dos tribunais superiores referentes ao IPTU

Supremo Tribunal Federal (STF)

539: "É constitucional a lei do município que reduz o Imposto Predial Urbano sobre imóvel ocupado pela residência do proprietário, que não possua outro".

[53] BRASIL. Superior Tribunal de Justiça. Primeira Turma. REsp nº 804.189 /RJ. Relator: ministro Luiz Fux. Julgamento em 27 de fevereiro de 2007. *DJ*, 9 abr. 2007, grifo no original.
[54] BRASIL. Superior Tribunal de Justiça. Primeira Turma. AgRg no REsp nº 947.267/RJ. Relator: ministro Francisco Falcão. Julgamento em 18 de setembro de 2007. *DJ*, 18 out. 2007.

583: "Promitente comprador de imóvel residencial transcrito em nome de autarquia é contribuinte do imposto predial territorial urbano".

589: "É inconstitucional a fixação de adicional progressivo do Imposto Predial e Territorial Urbano em função do número de imóveis do contribuinte".

668: "É inconstitucional a lei municipal que tenha estabelecido, antes da Emenda Constitucional 29/2000, alíquotas progressivas para o IPTU, salvo se destinada a assegurar o cumprimento da função social da propriedade urbana".

724: "Ainda quando alugado a terceiros, permanece imune ao IPTU o imóvel pertencente a qualquer das entidades referidas pelo art. 150, VI, 'c', da Constituição, desde que o valor dos aluguéis seja aplicado nas atividades essenciais de tais entidades".

Superior Tribunal de Justiça (STJ)

160: "É defeso, ao município, atualizar o IPTU, mediante decreto, em percentual superior ao índice oficial de correção monetária".

397: "O contribuinte do IPTU é notificado do lançamento pelo envio do carnê ao seu endereço".

399: "Cabe à legislação municipal estabelecer o sujeito passivo do IPTU".

ITBI: disciplina normativa

O imposto sobre transmissão de bens imóveis *inter vivos* (ITBI) encontra-se disciplinado no art. 156, II, da CRFB/ 1988 e nos arts. 35 a 42 do Código Tributário Nacional (CTN).

A competência do imposto em comento é dos municípios e, a teor do art. 147 da Lei Maior, do Distrito Federal. Com isso, cabe à lei ordinária de cada município, ou do Distrito Federal, regulamentar a tributação em seu território. No município do Rio de Janeiro, por exemplo, a disciplina do ITBI encontra-se na Lei Municipal nº 1.364, de 19 de dezembro de 1988.

ITBI: percurso histórico

O ITBI surgiu no ordenamento jurídico brasileiro com a promulgação do Alvará nº 3, em 1891, tendo sido denominado, àquela época, "imposto da sisa".

No mesmo ano, foi alçado à previsão constitucional, tendo sido sua competência atribuída aos estados-membros, situação que se manteve incólume com as demais cartas políticas. É imperioso destacar que o Código Tributário Nacional (CTN), em seu art. 35, mantém a previsão de competência do ITBI aos estados.[55]

Com isso, os atos de transmissão de bens imóveis, tanto os *inter vivos* quanto os *causa mortis*, sofriam a incidência de um único imposto, de competência estadual. A CRFB/1988 estabeleceu uma divisão de competências entre os estados e os municípios em relação à tributação dos atos de transmissão de imóveis, nos seguintes termos: aos estados-membros compete tributar a transmissão *causa mortis* e as doações, ao passo que a transmissão onerosa *inter vivos* passou à competência dos municípios.

---

[55] Essa atribuição de competência do ITBI aos estados gera algumas discussões no âmbito acadêmico, conforme será demonstrado adiante.

ITBI: principais características

Fiscal

Sua função consiste na arrecadação de recursos aos municípios e ao Distrito Federal.

Direto

O ônus econômico[56] recai diretamente e de forma definitiva sobre o contribuinte, que será indicado por meio da lei ordinária do município.

Real

Sua instituição e cobrança ocorrem em razão do fato gerador objetivamente considerado, abstraindo-se, em tese, a capacidade econômica do contribuinte. Isso equivale a dizer que se leva em consideração a coisa objeto da tributação, e não as características pessoais de seu titular.

EMENTA: RECURSO. Extraordinário. Inadmissibilidade. Jurisprudência assentada. Ausência de razões novas. Decisão mantida. Agravo regimental improvido. Nega-se provimento a agravo regimental tendente a impugnar, sem razões novas, decisão fundada em jurisprudência assente na Corte.
DECISÃO
1. Trata-se de agravo de instrumento contra decisão que indeferiu processamento de recurso extraordinário interposto contra acórdão proferido pelo Tribunal de Justiça de Minas Gerais que

SÉRIE DIREITO TRIBUTÁRIO

---

[56] O critério econômico da repercussão define se o tributo deve ser tido por direto ou indireto, conforme decidido no REsp nº 762.684/RJ.

decidiu não ser possível aplicar-se a regra da progressividade ao ITBI, em decorrência da falta de autorização constitucional. Sustenta o recorrente, com base no art. 102, III, "a", a ocorrência de violação aos arts. 30, III, 145, § 1º e 150, II, da Constituição Federal. 2. Inviável o recurso. Com efeito, o acórdão impugnado decidiu a causa em perfeita sintonia com a jurisprudência assentada da Corte, que "declarou a inconstitucionalidade de norma legal que estabelecia a progressividade de alíquotas do Imposto de Transmissão *inter vivos* de Bens Imóveis – ITBI, com base no valor venal do imóvel. Entendeu-se que o ITBI (CF, art. 156, II), imposto de natureza real que é, não pode variar na razão da presumível capacidade contributiva do sujeito passivo. Os Ministros Carlos Velloso, relator, e Marco Aurélio, admitindo que o princípio da capacidade contributiva previsto no § 1º do art. 145 da CF se aplica a todo e qualquer imposto, inclusive aos de natureza real, declararam a inconstitucionalidade da referida norma com base em outro fundamento, qual seja, de que a CF não autoriza de forma explícita a adoção do sistema de alíquotas progressivas para a cobrança do ITBI. Precedente citado: RE nº 153.771-MG (DJ de 5.9.97). (RE nº 234.105-SP, Rel. Min. CARLOS VELLOSO, 8.4.99 Informativo nº 144). Igual coisa foi reafirmada no julgamento do RE nº 153.771- MG, Rel. Min. MOREIRA ALVES, como pode ver da seguinte exemplar: "IPTU. Progressividade. – No sistema tributário nacional é o IPTU inequivocamente um imposto real. – Sob o império da atual Constituição, não é admitida a progressividade fiscal do IPTU, quer com base exclusivamente no seu artigo 145, § 1º, porque esse imposto tem caráter real que é incompatível com a progressividade decorrente da capacidade econômica do contribuinte, quer com arrimo na conjugação desse dispositivo constitucional (genérico) com o artigo 156, § 1º (específico). – A interpretação sistemática da Constituição conduz inequivocamente à conclusão de que o IPTU com finalidade extrafiscal a que alude o inciso II do § 4º do artigo 182 é a explicitação especificada, inclusive com limitação temporal, do IPTU com finalidade extrafiscal aludido no artigo 156, I, § 1º. – Portanto, é inconstitucional qualquer progressividade, em se tratando de IPTU, que não atenda exclusivamente ao disposto no artigo 156, § 1º, aplicado com as limitações expressamente constantes dos §§ 2º e 4º do artigo 182, ambos da Constituição Federal. Recurso extraordinário conhecido e provido, declarando-se inconstitucional o subitem do setor II da Tabela III da Lei 5.641, de 22.12.89, no município de Belo Horizonte."

3. Do exposto, nego seguimento ao agravo (art. 21, § 1º, do RISTF, art. 38 da Lei nº 8.038, de 28.05.90, e art. 557).[57]

Não vinculado

Nos termos do que dispõe o art. 16 do CTN, o fato gerador que lhe dá origem consiste em uma situação independente de qualquer atividade específica por parte do Estado em relação ao obrigado. Isso equivale a dizer que sua obrigação tem como fato gerador um fato exclusivamente do indivíduo.

De incidência monofásica

O fato gerador do imposto refere-se à transmissão da propriedade do imóvel, sendo a situação que dá origem à tributação estável e permanente.

---

[57] BRASIL. Supremo Tribunal Federal. Segunda Turma. AI nº 422.537/MG. Relator: ministro Cezar Peluso. Julgamento em 24 de maio de 2006. *DJ*, 7 jun. 2006.

ITBI: lançamento

Regra geral, opera-se o lançamento do ITBI por declaração do sujeito passivo, que presta à autoridade administrativa informações, sobre matéria de fato, indispensáveis à sua efetivação. No entanto, ao fisco é facultado, secundariamente, utilizar-se do lançamento de ofício ou por arbitramento.

TRIBUTÁRIO. EXECUÇÃO FISCAL. ITBI. ARTS. 475, III E 515, §§ 1º E 2º, DO CPC. AUSÊNCIA DE PREQUESTIONAMENTO. SÚMULAS 282 E 356/STF. EXCEÇÃO DE PRÉ-EXECUTIVIDADE. PRESCRIÇÃO. POSSIBILIDADE. INOCORRÊNCIA.

I. Os artigos 475, inciso III e 515, §§ 1º e 2º, do CPC, tidos como violados pelo Município de São Paulo, carecem do prequestionamento, razão por que não conheço do apelo nobre no ponto. Saliento que o recorrente não opôs embargos aclaratórios, buscando declaração acerca da questão suscitada. Incidem, na hipótese vertente, os enunciados sumulares nos 282 e 356, do Supremo Tribunal Federal.

II. A via da exceção de pré-executividade foi posta à disposição em nosso sistema recursal para se desconstituir a execução, nas hipóteses em que a matéria arguida possa ser apreciada *ex officio*, como as condições da ação, os pressupostos processuais, a prescrição, a decadência, dentre outras. No caso, discute-se acerca da prescrição. Posteriormente essa concepção foi ampliada para conceber a exceção de pré-executividade quando a matéria arguida não depender de dilação probatória. Precedente: REsp nº 577.613/RS, Relator Ministro LUIZ FUX, DJ de 08/11/2004.

III. *A doutrina caracteriza o lançamento do imposto em questão – ITBI – como lançamento por declaração, podendo ser de ofício quando ocorre o fato gerador sem que o correspondente pagamento tenha sido efetivado. No caso, inexistindo pagamento pelo contribuinte, é de se considerar que o lançamento foi de ofício, sendo constituído definitivamente por ocasião da inscrição do débito, uma vez que inexistiu recurso administrativo. Na dicção do* caput *do artigo 174 do CTN, a ação para a cobrança do crédito tributário prescreve em cinco anos contados da data de sua constituição definitiva. Precedente: REsp nº 776.874/BA, Relator Ministro CASTRO MEIRA, DJ de 24/10/2005.*

IV. Recursos especiais improvidos.[58]

TRIBUTÁRIO. ITBI. BASE DE CÁLCULO. LANÇAMENTO PELO FISCO. BASE DE CÁLCULO. VALOR DE MERCADO. ART. 38 DO CTN. APLICAÇÃO DE MULTA. SÚMULA 284/STF.
1. *Na hipótese em que o contribuinte não recolhe o ITBI, afigura-se legítimo o lançamento efetuado pelo Fisco que arbitre, como base de cálculo, o valor de mercado dos bens transmitidos.*
2. A falta de indicação do dispositivo legal supostamente contrariado, por não permitir a compreensão de questão infraconstitucional hábil para viabilizar o trânsito do recurso especial, atrai o óbice previsto na Súmula n. 284/STF.
3. Recurso parcialmente conhecido e, nessa parte, não provido.[59]

ITBI: elementos do imposto

Objetivo

A competência tributária dos municípios e do Distrito Federal, nos termos do art. 156, II e § 2º, da Constituição, c/c art. 35 do CTN, relaciona-se à instituição do ITBI sobre trans-

---

[58] BRASIL. Superior Tribunal de Justiça. Primeira Turma. REsp nº 792.725/SP. Relator: ministro Francisco Falcão. Julgamento em 21 de março de 2006. *DJ*, 10 abr. 2006, grifo nosso.
[59] BRASIL. Superior Tribunal de Justiça. Segunda Turma. REsp nº 210.620/SP. Relator: ministro João Otávio de Noronha. Julgamento em 3 de maio de 1995. *DJ*, 27 jun. 2005, grifo nosso.

missão *inter vivos*, a qualquer título, por ato oneroso, de bens imóveis, por natureza ou acessão física, e de direitos reais sobre imóveis, exceto os de garantia, bem como cessão de direitos a sua aquisição. Será competente para o lançamento e cobrança do mencionado tributo o município onde se situe o bem objeto da incidência.

Para efeitos de incidência do ITBI, considera-se apenas a transmissão onerosa *inter vivos* de bens imóveis ou direitos a eles correlatos. Com isso, divide-se em três grupos a incidência do mencionado imposto:

1) *Transmissão de bens imóveis urbanos ou rurais, por natureza ou acessão física.* Inicialmente cumpre ressaltar que não incide o ITBI sobre as transmissões de bens móveis ou sobre as transmissões gratuitas, tanto de bens móveis quanto dos imóveis. Nessa última situação, incidirá o imposto sobre transmissão *causa mortis* e por doação de quaisquer bens ou direitos (ITCMD), de competência estadual.

Tal hipótese de incidência encontra-se prevista no art. 35, I, do CTN. São exemplos de relações jurídicas atreladas a esse grupo: a compra e venda, a permuta e a dação em pagamento.

2) *Transmissão de direitos reais sobre imóveis, excetuando-se os de garantia.* Excluem-se do âmbito de incidência do ITBI os direitos reais de garantia, como o penhor, a anticrese, a hipoteca e a alienação fiduciária em garantia, previstos, respectivamente, nos arts. 1.431, 1.506, 1.473 e 1.361, todos da Lei nº 10.406, de 10 de janeiro de 2002 (Código Civil – CC).

Para o direito civil, consideram-se direitos reais aqueles que abrangem direitos sobre as coisas. Dessa feita, não incidirá ITBI sobre as servidões, na medida em que tal instituto representa restrições a uma propriedade para uso e utilidade de outra propriedade pertencente a outrem. Na servidão não se vislumbra a transmissão de propriedade, mas mera limitação ao direito de propriedade de seu titular.

Por outro lado, haverá incidência de ITBI em relação ao direito de superfície, tendo em conta que esse consiste na concessão, pelo proprietário, a outrem, do direito de construir em sua propriedade, por determinado lapso temporal, nos termos do art. 1.369 do CC.

Tal hipótese de incidência encontra-se prevista no art. 35, II, do CTN. São exemplos de relações jurídicas desse grupo de incidência do ITBI: o uso, o usufruto, a enfiteuse, a superfície, a habitação.

3) *Cessão de direitos à sua aquisição.* Referem-se a situações que se concretizam no sentido de atos ou negócios jurídicos hábeis a provocar a transferência de bens ou de direitos relativos aos atos ou negócios mencionados, ou seja, são aptas a implementar modificações no patrimônio das partes envolvidas e à criação de direitos e deveres.

Encontra-se previsto no art. 35, III, do CTN. São exemplos de relações jurídicas desse grupo de incidência do ITBI: os direitos hereditários, a promessa de cessão.

Ao comentar o inciso II do art. 156 da Carta Política, Luiz Emygdio afirma que esse dispositivo deve ser interpretado mediante as seguintes ponderações:

> *Primeira*, que contém uma impropriedade quando se refere à transmissão *inter vivos* "a qualquer título", expressão que só tinha razão de ser nas constituições anteriores, que conferiam competência aos estados e ao Distrito Federal sobre a transmissão de bens imóveis, a título oneroso ou gratuito. Na CRFB de 1988 o ITBI só grava a transmissão *inter vivos*, por ato oneroso, de bens imóveis, como, por exemplo, compra e venda, dação em pagamento e permuta (LMRJ, art. 5º, I, II e III), porque a

transmissão gratuita (*causa mortis* e causa doação) é objeto da competência dos estados e do Distrito Federal (CF, art. 155, I). *Segunda*, que, ao se referir à transmissão de bens imóveis, quer expressar transmissão da propriedade ou do domínio útil, como explicitado no art. 35 do CTN ao definir o fato gerador do imposto, justificando-se a referência à transmissão de domínio útil por ser um dos elementos da propriedade (súmula n° 326 do STF). *Terceira*, que o art. 156, II, da CF, ao empregar os termos propriedade, bem imóvel e direitos reais sobre imóveis, está agasalhando, ou melhor, constitucionalizando os conceitos fornecidos pelo Código Civil, para definir a competência tributária dos municípios para instituir ITBI (CCB, arts. 79, 1.255 e 1.228). Por isso, a lei tributária não poderá alterar os mencionados conceitos, para estender a incidência do imposto, tendo em vista a vedação do art. 110 do CTN. Assim, será inconstitucional a lei municipal que determine a incidência do ITBI sobre a transmissão, por exemplo, de navios, que não são bens imóveis para o Código Civil brasileiro. *Quarta*, o dispositivo sob comento alude a bem imóvel por natureza ou acessão física, como definido na lei civil (CCB, art. 79), excluindo a incidência do imposto na transmissão de bem imóvel por acessão intelectual. *Quinta*, que o imposto incide também sobre a transmissão de direitos reais sobre imóveis: enfiteuse, servidão, superfície, habitação e uso (CCB de 2002, art. 1.225, II a VII). *Sexta*, que o dispositivo constitucional excetua do imposto os direitos reais de garantia: penhor, hipoteca e anticrese (CCB de 2002, art. 1.225, VIII a X), porque não implicam a transmissão da propriedade. *Sétima*, que o imposto incide também na cessão de direitos relativos a imóveis, ou seja, sobre a cessão de direitos pessoais, isto é, cessão de promessa de compra e venda e sobre as cessões onerosas de direitos de posse. *Oitava*, que o STJ entende que o fato gerador do ITBI só pode ser o registro imobiliário, pelo qual se adquire a propriedade (CCB, art.

1245), sendo, portanto, ilegítima a cobrança de exação antes do mencionado registro. Entretanto, na prática, os tabeliães de notas não lavram escritura de compra e venda sem a prova do pagamento do ITBI.[60]

Subjetivo

Assim como fizemos quando do estudo do IPTU, deveremos dedicar nossa atenção para a investigação dos sujeitos ativo e passivo. Em relação ao *sujeito ativo* do ITBI, não há dificuldade hermenêutica, cabendo ao município ou ao Distrito Federal o exercício da competência privativa ou cumulativa, respectivamente.

SUJEITO PASSIVO

De acordo com o que dispõe o art. 42 do CTN, será contribuinte do ITBI qualquer das partes na operação tributada, como dispuser a lei ordinária municipal que o institui e regula.

Normalmente, elegem-se como sujeito passivo o adquirente ou o cessionário, a depender do negócio jurídico celebrado em relação à transferência do imóvel. No entanto, existem legislações que estabelecem solidariedade tributária entre as partes envolvidas no negócio jurídico, como o faz o art. 10 da Lei nº 1.364, de 19 de dezembro de 1988, do município do Rio de Janeiro. Conforme consta reproduzido a seguir, essa legislação estabelece ser contribuinte do ITBI o adquirente do bem ou do direito sobre o imóvel e, no artigo seguinte, dispõe sobre a solidariedade entre o adquirente e o transmitente, bem como entre o cessionário e o cedente, senão vejamos:

---

[60] ROSA JR., Luiz Emygdio F. da. *Manual de direito financeiro e direito tributário.* 19. ed. Rio de Janeiro: Renovar, 2006. p. 873-875, grifos no original.

Art. 9º. Contribuinte do imposto é o adquirente do bem ou do direito sobre imóvel, assim entendida a pessoa em favor da qual se opera a transmissão *inter vivos*.

Art. 10. São solidariamente responsáveis pelo pagamento do imposto devido, nas transmissões que se efetuarem sem esse pagamento, o adquirente e o transmitente, o cessionário e o cedente, conforme o caso.

É imperioso ressaltar que algumas leis municipais atribuem responsabilidade ao tabelião que deixa de exigir as certidões de débitos fiscais referentes ao imóvel e de destacar sua ausência na escritura, ou deixa de exigir a guia de recolhimento do imposto para a lavratura da escritura pública de compra e venda.

Espacial

O elemento espacial dos tributos consiste no local onde o fato gerador ocorre. Em alguns casos, sua configuração é tormentosa, na medida em que podem surgir dúvidas sobre qual o ente credor da exação, tal como se vislumbra no imposto sobre serviços de qualquer natureza (ISSQN).

No entanto, tal dificuldade não se cogita em relação ao ITBI, tendo em conta que fará jus ao recebimento do ITBI o município onde o imóvel se situe. Na eventualidade de o imóvel ocupar o território de mais de um município, a exação deverá ser distribuída proporcionalmente entre esses, levando-se em consideração a área ocupada e as benfeitorias construídas em cada um dos municípios.

Temporal

Existe um impasse jurídico a respeito do momento de ocorrência do fato gerador do ITBI: se esse ocorreria quando do registro do título de translação da propriedade ou quando da celebração do negócio jurídico subjacente à transferência da propriedade.

Para o STJ, órgão ao qual incumbe a uniformização da interpretação da lei federal, o momento em que se configura o fato gerador consiste no ato de registro do título no cartório do Registro Geral de Imóveis (RGI), momento no qual, efetivamente, se tem por transferida a propriedade.

> PROCESSUAL CIVIL E TRIBUTÁRIO – ITBI – RECURSO ESPE-
> CIAL INTERPOSTO PELA ALÍNEA "B" DO ART. 105, III, DA
> CF/88, APÓS A ENTRADA EM VIGOR DA EC 45/2004 – ART.
> 148 DO CTN – SÚMULA 211/STJ – ITBI – FATO GERADOR.
> 1. Com a nova redação dada ao permissivo constitucional pela
> Emenda Constitucional nº 45/2004, transferiu-se ao Supremo
> Tribunal Federal a competência para julgamento de recurso
> contra decisão que julgar válida lei local contestada em face
> de lei federal (art. 102, III, "d" da CF).
> 2. Aplicável a Súmula 211/STJ quando o Tribunal de origem, a
> despeito da oposição de embargos de declaração, não se pro-
> nuncia sobre tese suscitada em recurso especial.
> 3. O fato gerador do Imposto de Transmissão de Bens Imóveis
> ocorre com o registro da transferência da propriedade no cartó-
> rio imobiliário, em conformidade com a lei civil. Precedentes.
> 4. Recurso especial conhecido em parte e, nessa parte, provido.[61]

Registre-se a existência de posicionamento dissonante ao que foi exposto anteriormente, como defendido por Cláudio Carneiro, Aliomar Baleeiro e Ricardo Lobo Torres. Sustentam

---

[61] BRASIL. Superior Tribunal de Justiça. Segunda Turma. REsp nº 771.781/SP. Relatora: ministra Eliana Calmon. Julgamento em 12 de junho de 2007. *DJ*, 29 jun. 2007.

esses autores que a celebração do negócio jurídico deve ser considerada o fato econômico a justificar a incidência do ITBI, bem como que os demais atos de registro constituem apenas formalidades exigidas pela legislação civil. Logo, a exigência de registro representaria "o exaurimento do ato formal de transmissão, e não a transmissão efetiva do bem".[62]

> AGRAVO INOMINADO. DIREITO TRIBUTÁRIO. ITBI. FATO GERADOR. JUROS. INCIDÊNCIA.
>
> 1. Nos termos do que dispõe o inciso II do artigo 156 da Constituição da República, compete aos Municípios instituir imposto sobre transmissão *inter vivos* de bens imóveis, a qualquer título, por ato oneroso.
>
> 2. O fato gerador da obrigação tributária consiste na transmissão do bem. Nesta linha, há entendimento consolidado na jurisprudência pátria de que o fato gerador do ITBI somente se aperfeiçoa com o registro da carta de arrematação referente ao bem imóvel adquirido em hasta pública.
>
> 3. No âmbito do Município do Rio de Janeiro, ao procedimento de registro imobiliário faz-se mister o anterior pagamento do imposto de transmissão, ocorrendo, portanto, o fato gerador quando a autora postulou, em sede administrativa, o cálculo do valor devido. *In casu*, o débito se encontra sob discussão judicial, de modo que não há de se falar em mora da demandante, razão pela qual os juros, tão somente, seriam devidos a partir do trânsito em julgado desta decisão, contados os 30 dias para o vencimento da obrigação tributária. Todavia, deixa-se de aplicar o entendimento exposto, porquanto não é possível

[62] CARNEIRO, Cláudio. *Impostos federais, estaduais e municipais*. 3. ed. Rio de Janeiro: Lumen Juris, 2012. p. 63.

TRIBUTAÇÃO SOBRE PATRIMÔNIO

a *reformatio in pejus*, de maneira a prevalecer a incidência dos juros como fixado na sentença.

4. Negado provimento ao recurso.[63]

Quantitativo

BASE DE CÁLCULO

De acordo com o art. 38 do CTN, a base de cálculo do ITBI é o valor venal dos bens ou direitos transmitidos. Ocorre que não deve ser incluído na base de cálculo do ITBI o valor dos imóveis por acessão intelectual descritos no inciso III do art. 43 do CC, tendo em conta que a transmissão da propriedade desses bens não se encontra prevista no texto constitucional do imposto.

ALÍQUOTA

A alíquota do ITBI deve ser fixada por meio de lei ordinária municipal, não havendo limitação mínima ou máxima, desde que não represente confisco. A doutrina não admite que sua fixação seja realizada por intermédio de decreto.

Registre-se que na Constituição de 1967, com a redação dada pela Emenda Constitucional nº 1, de 17 de outubro de 1969, havia previsão de que a alíquota do ITBI, até então de competência estadual, não poderia exceder os limites estabelecidos em resolução do Senado Federal por proposta do presidente da República.

Discute-se a possibilidade de instituição de alíquotas progressivas em relação ao ITBI, sendo certo que a doutrina majoritária se posiciona em sentido contrário, com fundamento na inexistência de previsão constitucional que a autorize, além do fato de o ITBI ser um imposto real, e sua alíquota, proporcional.

O STF adotou a primeira corrente exposta ao editar o Enunciado nº 656 em sua súmula de jurisprudência dominante, nos seguintes termos: "É inconstitucional a lei que estabelece alíquotas progressivas para o imposto de transmissão *inter vivos* de bens imóveis – ITBI com base no valor venal do imóvel".

Para Luiz Emygdio F. da Rosa Jr.:

> Os Municípios têm liberdade para fixar alíquotas do ITBI, sendo, em regra, de 2%, como ocorre no Município do Rio de Janeiro (LMRJ, art. 19). A alíquota do ITBI é proporcional porque o percentual não varia em função do valor da base de cálculo. A doutrina e a jurisprudência não têm admitido leis municipais que estabeleçam a progressividade do imposto, em razão de sua base de cálculo, ou seja, do valor venal do imóvel, vale dizer, valor de mercado, levando-se em conta a lei de oferta e procura. Parece-nos correto o mencionado entendimento pelas seguintes razões: Primeira, que a CRFB de 1988 não prevê a progressividade do ITBI e esse princípio só pode ter assento expresso na Constituição, como ocorre com o IR (art. 153, § 2º, I), o ITR (art. 153, § 4º) e o IPTU (arts. 156, § 1º, e 182, § 4º). Segunda, que o ITBI tem natureza real e a progressividade só diz respeito aos impostos de caráter pessoal porque levam em conta a capacidade econômica do contribuinte, e, portanto, não se aplica ao ITBI a norma do art. 145, § 1º, da CRFB. Terceira, que a mera fixação do valor venal do bem imóvel como base de cálculo por influência de determinados critérios, como localização, área, etc., já constitui uma progressividade genérica, realizando-se o princípio da capacidade contributiva proporcionalmente ao preço da venda.[64]

---

[64] ROSA JR., Luiz Emygdio F. da. *Manual de direito financeiro e direito tributário*, 2006, op. cit., p. 880.

Recentemente, a questão da progressividade voltou a se destacar quando o STF, ao reconhecer a repercussão geral do RE nº 562.045/RS, modificou seu entendimento para admitir a progressividade para os impostos reais, como é o caso do ITBI, sem que se faça necessária a existência de autorização constitucional expressa ou a edição de emenda constitucional.

Nesse sentido, transcreve-se o trecho do Informativo STF nº 694, de fevereiro de 2013, para melhor entendimento:

> Em conclusão, o Plenário, por maioria, deu provimento a recurso extraordinário, interposto pelo Estado do Rio Grande do Sul, para assentar a constitucionalidade do art. 18 da Lei gaúcha 8.821/89, que prevê o sistema progressivo de alíquotas para o imposto sobre a transmissão *causa mortis* de doação – ITCD – v. Informativos 510, 520 e 634. Salientou-se, inicialmente, que o entendimento de que a progressividade das alíquotas do ITCD seria inconstitucional decorreria da suposição de que o § 1º do art. 145 da CF a admitiria exclusivamente para os impostos de caráter pessoal. Afirmou-se, entretanto, que todos os impostos estariam sujeitos ao princípio da capacidade contributiva, mesmo os que não tivessem caráter pessoal. Esse dispositivo estabeleceria que os impostos, sempre que possível, deveriam ter caráter pessoal. Assim, todos os impostos, independentemente de sua classificação como de caráter real ou pessoal, poderiam e deveriam guardar relação com a capacidade contributiva do sujeito passivo. Aduziu-se, também, ser possível aferir a capacidade contributiva do sujeito passivo do ITCD, pois, tratando-se de imposto direto, a sua incidência poderia expressar, em diversas circunstâncias, progressividade ou regressividade direta. Asseverou-se que a progressividade de alíquotas do imposto em comento não teria como descambar para o confisco, porquanto haveria o controle do teto das alíquotas pelo Senado Federal (CF, art. 155, § 1º, IV). Ademais, assinalou-se inexistir incompatibilidade com o Enunciado 668 da Súmula do STF

("*É inconstitucional a lei municipal que tenha estabelecido, antes da Emenda Constitucional 29/2000, alíquotas progressivas para o IPTU, salvo se destinada a assegurar o cumprimento da função social da propriedade urbana*"). Por derradeiro, esclareceu-se que, diferentemente do que ocorreria com o IPTU, no âmbito do ITCD não haveria a necessidade de emenda constitucional para que o imposto fosse progressivo.[65]

Por oportuno, cumpre destacar a ementa decorrente do referido julgamento, *in verbis*:

> EMENTA: RECURSO EXTRAORDINÁRIO. CONSTITUCIO-NAL. TRIBUTÁRIO. LEI ESTADUAL: PROGRESSIVIDADE DE ALÍQUOTA DE IMPOSTO SOBRE TRANSMISSÃO *CAUSA MORTIS* E DOAÇÃO DE BENS E DIREITOS. CONSTITU-CIONALIDADE. ART. 145, § 1º, DA CONSTITUIÇÃO DA REPÚBLICA. PRINCÍPIO DA IGUALDADE MATERIAL TRIBU-TÁRIA. OBSERVÂNCIA DA CAPACIDADE CONTRIBUTIVA. RECURSO EXTRAORDINÁRIO PROVIDO.[66]

ITBI: julgados relevantes

Incorporação de bens imóveis ao patrimônio de pessoa jurídica cuja atividade preponderante seja a compra e venda de imóvel. Isenção. Inexistência

> IMPOSTO SOBRE A TRANSMISSÃO DE BENS IMÓVEIS. INCORPORAÇÃO DE BENS IMÓVEIS AO PATRIMÔNIO DE PESSOA JURÍDICA. ATIVIDADE PREPONDERANTE DA

[65] BRASIL. Supremo Tribunal Federal. Informativo STF nº 694. Brasília, 1º a 8 de fevereiro de 2013. Disponível em: <www.stf.jus.br/arquivo/informativo/documento/informativo694.htm>. Acesso em: 1º set. 2015, grifo nosso.
[66] BRASIL. Supremo Tribunal Federal. Tribunal Pleno. RE nº 562.045. Relator: ministro Ricardo Lewandowski. Julgamento em 6 de fevereiro de 2013. *DJe*, 27 nov. 2013.

TRIBUTAÇÃO SOBRE PATRIMÔNIO

SOCIEDADE. COMPRA E VENDA DE IMÓVEL. ISENÇÃO NÃO RECONHECIDA. MULTA.

Imposto de transmissão de bens imobiliários. Incorporação de empresa. A isenção não abrange empresa que exerça compra e venda de imóvel como atividade preponderante. Hipótese de apuração e cobrança posteriores. Multa aplicada nos termos da legislação de regência. Admissão pela empresa de realizar compra e venda de imóveis como sua atividade preponderante. Alegação de violação do princípio da irretroatividade da lei tributária porque o Município reconheceu a não incidência do tributo à época da aquisição imobiliária. Não há isenção de ITBI em caso de incorporação de imóveis ao capital de empresa se esta tem como atividade preponderante a compra e venda ou locação de bens imóveis ou arrendamento mercantil como é o caso da recorrente. A atividade preponderante somente seria apurada pela Administração Tributária posteriormente, já que a empresa foi constituída em março de 2001 e a operação imobiliária de incorporação foi realizada no mês de junho do mesmo ano. Forma de apuração de incidência de ITBI prevista no Código Tributário Nacional como lançamento tardio e cobrança com base no valor do bem na data da aquisição. Não existência de impedimento de cobrança de tributo mesmo após a declaração de isenção equivocada, pois em direito tributário também vige o princípio da indisponibilidade, não podendo existir convalescência de erro da Administração Tributária, de maneira que somente a prescrição pode atuar como sanatória de omissão administrativa, que no caso não existiu. O valor da multa pelo recolhimento tardio foi fixado de acordo com dispositivo legal mais benéfico ao contribuinte, o que fez em consonância com as disposições do art. 106 do Código Tributário Nacional.[67]

---

[67] RIO DE JANEIRO (Estado). Tribunal de Justiça do Estado do Rio de Janeiro. Décima Sétima Câmara Cível. Apelação nº 2006.001.59546. Relator: desembargador Edson Vasconcelos. Julgamento em 7 de fevereiro de 2007. *DJERJ*, 1º mar. 2007.

Arrematação judicial. Incidência. ITBI

TRIBUTÁRIO. RECURSO ESPECIAL. AÇÃO DECLARATÓRIA. ITBI. ARREMATAÇÃO JUDICIAL. BASE DE CÁLCULO. VALOR DA ARREMATAÇÃO E NÃO O VENAL. PRECEDENTE. DISSÍDIO JURISPRUDENCIAL DEMONSTRADO. DIREITO LOCAL. SÚMULA 280 DO STF. OMISSÃO – ART. 535, CPC. INOCORRÊNCIA. RECURSO PROVIDO PELA ALÍNEA "C".

1. A arrematação representa a aquisição do bem alienado judicialmente, considerando-se como base de cálculo do ITBI aquele alcançado na hasta pública. (Precedentes: REsp 863.893/PR, Rel. Ministro FRANCISCO FALCÃO, PRIMEIRA TURMA, DJ 07/11/2006; e REsp 2.525/PR, Rel. Ministro ARMANDO ROLEMBERG, PRIMEIRA TURMA, DJ 25/06/1990).

2. Nesse sentido, o precedente:

TRIBUTÁRIO. IMPOSTO DE TRANSMISSÃO INTER VIVOS. BASE DE CÁLCULO. VALOR VENAL DO BEM. VALOR DA AVALIAÇÃO JUDICIAL. VALOR DA ARREMATAÇÃO.

I. O fato gerador do ITBI só se aperfeiçoa com o registro da transmissão do bem imóvel. Precedentes: AgRg no Ag nº 448.245/DF, Rel. Min. LUIZ FUX, DJ de 09/12/2002, REsp nº 253.364/DF, Rel. Min. HUMBERTO GOMES DE BARROS, DJ de 16/04/2001 e RMS nº 10.650/DF, Rel. Min. FRANCISCO PEÇANHA MARTINS, DJ de 04/09/2000. Além disso, já se decidiu no âmbito desta Corte que o cálculo daquele imposto "há de ser feito com base no valor alcançado pelos bens na arrematação, e não pelo valor da avaliação judicial" (REsp nº 2.525/PR, Rel. Min. ARMANDO ROLEMBERG, DJ de 25/6/1990. p. 6027). Tendo em vista que a arrematação corresponde à aquisição do bem vendido judicialmente, é de se considerar como valor venal do imóvel aquele atingido em hasta pública. Este, portanto, é o que deve servir de base de cálculo do ITBI. II. Recurso especial provido. (REsp 863.893/PR, Rel. Ministro FRANCISCO FALCÃO, PRIMEIRA TURMA, DJ 07/11/2006. p. 277)

3. Deveras, é cediço que o Tribunal *a quo* assentou: "Instituído o ITBI pelo Município de Porto Alegre, 'A base de cálculo do imposto é o valor venal do imóvel objeto da transmissão ou da cessão de direitos reais a eles relativos, no momento da estimativa fiscal efetuada pelo Agente Fiscal da Receita Municipal' (*caput* do art. 11 da LCM nº 197/89). Já o art. 12 da referida legislação dispõe o seguinte: 'Art. 12. São, também, bases de cálculo do imposto: [...] IV - a estimativa fiscal ou o preço pago, se este for maior, na arrematação e na adjudicação de imóvel'. No caso, cuida-se de arrematação judicial efetuada por R$ 317.000,00. O arrematante tem responsabilidade tributária pessoal relativamente a esse tributo, que tem por fato gerador a transmissão do domínio (art. 35, I, do Código Tributário Nacional), prevalecendo, portanto, a legislação municipal" (fls. 114 e ss.).

4. A Súmula 280/STF dispõe que: "Por ofensa a direito local não cabe recurso extraordinário".

5. O acórdão recorrido, em sede de embargos de declaração, que enfrenta explicitamente a questão embargada não enseja recurso especial pela violação do artigo 535, II, do CPC.

6. Ademais, o magistrado não está obrigado a rebater, um a um, os argumentos trazidos pela parte, desde que os fundamentos utilizados tenham sido suficientes para embasar a decisão.

7. Recurso especial parcialmente conhecido e provido.[68]

AGRAVO REGIMENTAL NO AGRAVO DE INSTRUMENTO. MATÉRIA INFRACONSTITUCIONAL. OFENSA INDIRETA À CONSTITUIÇÃO DO BRASIL. CONTRATO DE COMPROMISSO DE COMPRA E VENDA. NÃO INCIDÊNCIA DO ITBI.

[68] BRASIL. Superior Tribunal de Justiça. Primeira Turma. REsp nº 1.188.655/RS. Relator: ministro Luiz Fux. Julgamento em 20 de maio de 2010. *DJe*, 8 jun. 2010.

1. Controvérsia decidida à luz de normas infraconstitucionais. Ofensa indireta à Constituição do Brasil.
2. A celebração de contrato de compromisso de compra e venda não gera obrigação ao pagamento do ITBI.
3. Agravo regimental a que se nega provimento.[69]

AGRAVO REGIMENTAL. TRIBUTÁRIO. ITBI. FATO GERADOR. CONTRATO DE PROMESSA DE COMPRA E VENDA. RESILIÇÃO CONTRATUAL. NÃO INCIDÊNCIA.
1. A jurisprudência do STJ assentou o entendimento de que o fato gerador do ITBI é o registro imobiliário da transmissão da propriedade do bem imóvel. Somente após o registro, incide a exação.
2. Não incide o ITBI sobre o registro imobiliário de escritura de resilição de promessa de compra e venda, contrato preliminar que poderá ou não se concretizar em contrato definitivo.
3. Agravo regimental desprovido.[70]

PROCESSUAL CIVIL. EMBARGOS DE DECLARAÇÃO REJEITADOS. OMISSÃO CONFIGURADA (TRIBUTÁRIO. ITBI. DIFERENCIAÇÃO DE ALÍQUOTAS E PROGRESSIVIDADE. FATO GERADOR. PROMESSA DE COMPRA E VENDA RESCINDIDA). RECURSO ESPECIAL. VIOLAÇÃO AO ART. 535, II, DO CPC CONFIGURADA.
1. Há violação ao art. 535, II, do CPC quando o Órgão julgador, instado a emitir pronunciamento acerca dos pontos tidos como omissos, contraditórios ou obscuros e relevantes ao desate da causa, não enfrenta a questão oportunamente suscitada pela parte.

[69] BRASIL. Supremo Tribunal Federal. Segunda Turma. AI nº 603.309 AgR/MG. Relator: ministro Eros Grau. Julgamento em 18 de dezembro de 2006. DJ, 23 fev. 2007.
[70] BRASIL. Superior Tribunal de Justiça. Primeira Turma. AgRg no Ag nº 448.245/DF. Relator: ministro Luiz Fux. Julgamento em 21 de novembro 2002. DJe, 9 dez. 2002.

2. *In casu*, a despeito da oposição de embargos de declaração, objetivando sanar a omissão no que diz respeito ao contrato de promessa de compra e venda, por si só, constituir fato gerador do ITBI, o Tribunal *a quo* quedou-se silente, em manifesta violação ao art. 535 do Código de Processo Civil.

3. O retorno dos autos, é mister, porquanto não pode o E. STJ pela primeira vez analisar a suposta violação de dispositivos infraconstitucionais que não foram enfrentados em última instância local. Esta, aliás, *a ratio* da Súmula 211 do STJ, que dispõe: "*Inadmissível recurso especial quanto à questão que, a despeito da oposição de embargos declaratórios, não foi apreciada pelo tribunal a quo.*"

4. Recurso especial provido (art. 557, § 1º-A, CPC).[71]

PROCESSUAL CIVIL E TRIBUTÁRIO. OMISSÃO. NÃO OCOR-RÊNCIA. ITBI. IMÓVEIS URBANOS EDIFICADOS. DISSO-LUÇÃO DE CONDOMÍNIO. INCIDÊNCIA DO TRIBUTO. BASE DE CÁLCULO. PARCELA ADQUIRIDA AOS OUTROS COPROPRIETÁRIOS.

1. Hipótese em que os quatro impetrantes (ora recorridos) eram coproprietários de seis imóveis urbanos edificados. Os condôminos resolveram extinguir parcialmente a copropriedade. Para isso, cada impetrante passou a ser único titular de um dos seis imóveis. Quanto aos dois bens restantes, manteve-se o condomínio. Discute-se a tributação municipal sobre essa operação.

2. O Tribunal de origem entendeu ter ocorrido simples dissolução de condomínio relativo a uma universalidade de bens, conforme o art. 631 do CC/1916. Assim, não teria havido transmissão de propriedade com relação à maior parte da operação. Se o indivíduo passou a ser proprietário de imóvel em valor idêntico à sua cota ideal no condomínio, não incidiria o ITBI.

---

[71] BRASIL. Superior Tribunal de Justiça. Primeira Turma. REsp nº 764.808/MG. Relator: ministro Luiz Fux. Julgamento em 6 de junho de 2006. *DJ*, 16 ago. 2006, grifo no original.

3. Inexiste omissão no acórdão recorrido, que julgou a lide e fundamentou adequadamente seu acórdão.

4. No entanto, o art. 631 não incide na hipótese, pois se refere ao caso clássico de condomínio de bem divisível. Seria aplicável se os quatro impetrantes fossem coproprietários de terreno rural ou de terreno urbano não edificado. Nesse exemplo, no caso de desfazimento do condomínio, o imóvel poderia ser fracionado junto ao cartório de imóveis, observados os limites mínimos, requisitos e formalidades legais, resultando em quatro partes iguais. Cada um dos antigos coproprietários seria o único titular de seu terreno (correspondente a 25% do original). Inexistiria transmissão onerosa de propriedade nessa situação fictícia e, portanto, incidência do tributo municipal.

5. Diferentemente, quando há condomínio de apartamento edilício, ou de um prédio urbano não fracionado em unidades autônomas, é impossível a divisão do bem. É este o caso dos autos.

6. O registro imobiliário é individualizado, como o é a propriedade de apartamentos, nos termos da Lei de Registros Públicos (art. 176, § 1º, I, da Lei 6.015/1973).

7. Na situação inicial, antes do pacto de extinção parcial do condomínio, os quatro impetrantes eram coproprietários de cada um dos imóveis, que devem ser considerados individualmente.

8. Com o acordo, cada um dos impetrantes passou a ser único proprietário de um dos seis imóveis. Ou seja, adquiriu dos outros coproprietários 75% desse bem, pois já possuía 25%.

9. O ITBI deve incidir sobre a transmissão desses 75%. Isso porque a aquisição dessa parcela se deu por alienação onerosa: compra (pagamento em dinheiro) ou permuta (cessão de parcela de outros imóveis).

10. Esse raciocínio se aplica aos quatro imóveis que passaram a ser titulados por um único proprietário. Quanto aos outros dois bens, com relação aos quais o condomínio subsistiu, não há alienação onerosa nem, portanto, incidência do ITBI.

11. Os impetrantes adjudicaram cada um dos quatro imóveis a uma única pessoa, indenizando os demais (por pagamento ou permuta), nos termos do art. 632 do CC/1916.

12. É pacífico que os impostos reais (IPTU e ITBI, em especial) referem-se aos bens autonomamente considerados. Também por essa razão seria incabível tratar diversos imóveis como universalidade para fins de tributação.

13. Esse entendimento foi consolidado pelo egrégio STF na Súmula 589: "É inconstitucional a fixação de adicional progressivo do imposto predial e territorial urbano em função do número de imóveis do contribuinte".

14. A Suprema Corte impediu que os Municípios considerassem todos os imóveis de cada contribuinte como uma universalidade para fins de progressividade das alíquotas. Isso decorre do reconhecimento de que cada imóvel a ser tributado deve ser autonomamente considerado.

15. Se o Município não pode considerar o conjunto de imóveis uma universalidade, para cálculo do IPTU, seria inadmissível que o contribuinte possa fazê-lo com o intuito de pagar menos ITBI.

16. Recurso Especial provido.[72]

ITBI. BASE DE CÁLCULO. VALOR DE MERCADO. VIOLAÇÃO AOS ARTS. 535, II, E 458, II, DO CPC. INOCORRÊNCIA. PREQUESTIONAMENTO DO ART. 146 DO CTN. INOCORRÊNCIA. REEXAME DE PROCESSO ADMINISTRATIVO FISCAL. INADMISSIBILIDADE. SÚMULA 7/STJ. I. Compulsando os autos, observo que todos os pontos alavancados pela ora agravante nos embargos declaratórios perante o tribunal *a quo* foram devidamente analisados pelo v. acórdão. II. A suposta

[72] BRASIL. Superior Tribunal de Justiça. Segunda Turma. REsp nº 722.752/RJ. Relator: ministro Herman Benjamin. Julgamento em 5 de março de 2009. *Dje*, 11 nov. 2009.

violação ao art. 146 do CTN não foi devidamente prequestionada. O efeito devolutivo integral do reexame necessário não tem o condão de prequestionar toda a matéria, conforme aduz a agravante. Ademais, o Município foi sucumbente apenas no tocante à inconstitucionalidade das alíquotas progressivas. No ponto, completamente descabida a argumentação da agravante. Esta, em suas razões de apelação, ao não apresentar a referida matéria ao Tribunal *a quo*, impossibilitou sua apreciação. Na via do apelo especial, não se pode apreciar matéria não debatida pelo tribunal *a quo*, sob pena de se incorrer em supressão de instância. III. É cediço na doutrina majoritária e na jurisprudência dessa Corte que a base de cálculo do ITBI é o valor real da venda do imóvel ou de mercado, sendo que até nos casos em que não houve recolhimento, pode-se arbitrar o valor do imposto, por meio de procedimento administrativo fiscal, com posterior lançamento de ofício. Segundo HUGO DE BRITO MACHADO: *em se tratando de imposto que incide sobre a transmissão por ato oneroso, tem-se como ponto de partida para a determinação de sua base de cálculo na hipótese mais geral, que é a compra e venda, o preço. Este funciona no caso, como uma declaração de valor feita pelo contribuinte, que pode ser aceita, ou não, pelo fisco, aplicando-se, na hipótese de divergência, a disposição do art. 148 do CTN.* (*"CURSO DE DIREITO TRIBUTÁRIO"*, Machado, Hugo de Brito, Ed. Malheiros, 29ª Edição, p. 398). IV. Conforme consignado no v. acórdão, houve a devida intimação da complementação do lançamento, fato que a agravante alega não ter ocorrido. Entretanto, a análise da alegada irregularidade do procedimento administrativo fiscal demanda reexame de provas, o que é inadmissível pela via eleita do especial, a teor da Súmula 07/STJ. V. Agravo regimental improvido.[73]

---

[73] BRASIL. Superior Tribunal de Justiça. Primeira Turma. AgRg no REsp nº 1.057.493/SP. Relator: ministro Francisco Falcão. Julgamento em 26 de agosto de 2008. *DJe*, 4 set. 2008, grifo no original.

TRIBUTÁRIO. RECURSO ESPECIAL. AÇÃO DECLARATÓRIA. ITBI. ARREMATAÇÃO JUDICIAL. BASE DE CÁLCULO. VALOR DA ARREMATAÇÃO E NÃO O VENAL. PRECEDENTE. DISSÍDIO JURISPRUDENCIAL DEMONSTRADO. DIREITO LOCAL. SÚMULA 280 DO STF. OMISSÃO – ART. 535, CPC. INOCORRÊNCIA. RECURSO PROVIDO PELA ALÍNEA "C".

1. A arrematação representa a aquisição do bem alienado judicialmente, considerando-se como base de cálculo do ITBI aquele alcançado na hasta pública. (*Precedentes: REsp 863.893/ PR*, Rel. Ministro FRANCISCO FALCÃO, PRIMEIRA TURMA, DJ 07/11/2006; e *REsp 2.525/PR*, Rel. Ministro ARMANDO ROLEMBERG, PRIMEIRA TURMA, DJ 25/06/1990)

2. Nesse sentido, o precedente:

TRIBUTÁRIO. IMPOSTO DE TRANSMISSÃO *INTER VIVOS*. BASE DE CÁLCULO. VALOR VENAL DO BEM. VALOR DA AVALIAÇÃO JUDICIAL. VALOR DA ARREMATAÇÃO.

I. O fato gerador do ITBI só se aperfeiçoa com o registro da transmissão do bem imóvel. Precedentes: AgRg no Ag nº 448.245/DF, Rel. Min. LUIZ FUX, DJ de 09/12/2002, REsp nº 253.364/DF, Rel. Min. HUMBERTO GOMES DE BARROS, DJ de 16/04/2001 e RMS nº 10.650/DF, Rel. Min. FRANCISCO PEÇANHA MARTINS, DJ de 04/09/2000. Além disso, já se decidiu no âmbito desta Corte que o cálculo daquele imposto "há de ser feito com base no valor alcançado pelos bens na arrematação, e não pelo valor da avaliação judicial" (REsp nº 2.525/PR, Rel. Min. ARMANDO ROLEMBERG, DJ de 25/6/1990. p. 6027). Tendo em vista que a arrematação corresponde à aquisição do bem vendido judicialmente, é de se considerar como valor venal do imóvel aquele atingido em hasta pública. Este, portanto, é o que deve servir de base de cálculo do ITBI.

II. Recurso especial provido. (REsp 863.893/PR, Rel. Ministro FRANCISCO FALCÃO, PRIMEIRA TURMA, DJ 07/11/2006. p. 277)

3. Deveras, é cediço que o Tribunal *a quo* assentou: "Instituído o ITBI pelo Município de Porto Alegre, 'A base de cálculo do imposto é o valor venal do imóvel objeto da transmissão ou da cessão de direitos reais a eles relativos, no momento da estimativa fiscal efetuada pelo Agente Fiscal da Receita Municipal' (*caput* do art. 11 da LCM nº 197/89). Já, o art. 12 da referida legislação dispõe o seguinte: 'Art. 12. São, também, bases de cálculo do imposto: [...] IV - a estimativa fiscal ou o preço pago, se este for maior, na arrematação e na adjudicação de imóvel'. No caso, cuida-se de arrematação judicial efetuada por R$ 317.000,00. O arrematante tem responsabilidade tributária pessoal relativamente a esse tributo, que tem por fato gerador a transmissão do domínio (art. 35, I, do Código Tributário Nacional), prevalecendo, portanto, a legislação municipal" (fls. 114 e ss.).

4. A Súmula 280/STF dispõe que: "Por ofensa a direito local não cabe recurso extraordinário".

5. O acórdão recorrido, em sede de embargos de declaração, que enfrenta explicitamente a questão embargada não enseja recurso especial pela violação do artigo 535, II, do CPC.

6. Ademais, o magistrado não está obrigado a rebater, um a um, os argumentos trazidos pela parte, desde que os fundamentos utilizados tenham sido suficientes para embasar a decisão.[74]

Enunciados de súmulas de jurisprudência dominante do STF referentes ao ITBI

108: "É legítima a incidência do imposto de transmissão *inter vivos* sobre o valor do imóvel ao tempo da alienação e não da promessa, na conformidade da legislação local".

[74] BRASIL. Superior Tribunal de Justiça. Primeira Turma. REsp nº 1.188.655/RS. Relator: ministro Luiz Fux. Julgamento em 20 de maio de 2010. *DJe*, 8 jun. 2010.

110: "O imposto de transmissão *inter vivos* não incide sobre a construção, ou parte dela, realizada pelo adquirente, mas sobre o que tiver sido construído ao tempo da alienação do terreno".

111: "É legítima a incidência do imposto de transmissão *inter vivos* sobre a restituição, ao antigo proprietário, de imóvel que deixou de servir à finalidade da sua desapropriação".

326: "É legítima a incidência do imposto de transmissão *inter vivos* sobre a transferência do domínio útil".

656: "É inconstitucional a lei que estabelece alíquotas progressivas para o imposto de transmissão *inter vivos* de bens imóveis – ITBI com base no valor venal do imóvel".

Questões de automonitoramento

1) Após ler o material, resuma o caso gerador apresentado no capítulo 7, identificando as partes envolvidas, os problemas atinentes e as soluções cabíveis.

2) Qual a razão e a relevância de o CTN referir-se, em seu art. 35, ao ITBI como imposto de competência dos estados e do Distrito Federal? Há inconstitucionalidade nessa expressão?

3) Quais são as principais características do ITBI?

4) No que se refere ao lançamento do ITBI, qual é sua forma preferencial? Em caso de inércia do contribuinte, qual a consequência jurídica que se abre ao fisco?

5) Pense e descreva, mentalmente, alternativas para a solução do caso gerador apresentado no capítulo 7.

3

Imposto sobre a propriedade territorial rural (ITR)

Roteiro de estudo

Introdução

Este capítulo tem o objetivo de apresentar ao aluno algumas diretrizes para o aprofundamento do estudo acerca do imposto sobre a propriedade territorial rural (ITR).

A disciplina normativa do ITR é prevista constitucionalmente no inciso VI do art. 153 da Constituição Federal, e está contida, de maneira preliminar, na Lei nº 9.393, de 19 de dezembro de 1996, no Decreto nº 4.382, de 19 de setembro de 2002 e na Instrução Normativa (IN) SRF nº 256, de 11 de dezembro de 2002.

A função do ITR é extrafiscal, funcionando como instrumento auxiliar de forma que o poder público possa disciplinar a ocupação da propriedade rural. Uma parte da receita vai para o município arrecadador e a outra, para o Estado, em proporção variável, conforme o ente fiscalizador atuante seja mais expressivo, isto é, quem fiscaliza leva o maior pedaço do imposto.

Na década de 1990, o ITR foi bem utilizado como força de política pública, passando a ser mais elevado nas propriedades não produtivas. Essa medida ajudou a acabar com o "latifúndio improdutivo" (grandes propriedades que nada produziam e serviam como reserva financeira ou especulação). Tais territórios eram uma realidade secular no Brasil, sendo bandeira de luta política e militância, e um alto capital especulativo. O ITR mais alto fez com que o latifúndio improdutivo deixasse de ser interessante economicamente. Esse foi um dos motivos do recente *boom* do agronegócio brasileiro a partir da década de 1990.

Neste estudo, se abordarão rapidamente os aspectos relativos ao fato gerador, contribuinte e responsável tributário, base de cálculo e forma da tributação pelo ITR.

Fato gerador

O fato gerador do ITR, segundo o art. 29 do Código Tributário Nacional (CTN), é a propriedade, o domínio útil ou a posse[75] (inclusive por usufruto) de imóvel por natureza,[76] localizado fora da zona urbana do município, que se materializa, temporalmente, em 1º de janeiro de cada ano.

---

[75] "No caso de promessa de compra e venda sem cláusula de arrependimento e registrada no RGI, a posse, embora não seja originária, não mais deriva de uma relação obrigacional entre o proprietário e o posseiro, mas constitui direito real nos termos do art. 1.225, VII, do Código Civil, ensejando a incidência do imposto. Da mesma forma o usufrutuário, que detém direito real, nos termos do inciso IV do mesmo artigo da lei civil" (RIBEIRO, Ricardo Lodi. *Tributos*: teoria geral e espécies. Niterói: Impetus, 2013. p. 165).

[76] Vale relembrar que o Código Civil de 1916, responsável por ditar as regras civis à época da publicação da Lei nº 5.172/1966 (CTN), em seu art. 43, I, definia *imóvel por natureza* como "o solo com a sua superfície, os seus acessórios e adjacências naturais, compreendendo as árvores e os frutos pendentes, o espaço aéreo e o subsolo". Entretanto, o Código Civil de 2002, em seu art. 79, não realiza a mesma distinção. De qualquer forma, a doutrina, com base nos arts. 29 e 30 do CTN, 43, I, do CC/1916 e na Lei nº 9.393/1996, afirma que a tributação incide sobre a propriedade territorial, mas não a predial (cf. RIBEIRO, Ricardo Lodi. *Tributos*, 2013, op. cit., p. 166).

Nesse meandro, como regra, considera-se imóvel rural a área contínua, formada por uma ou mais parcelas de terras, localizada na zona rural do município. Entretanto, segundo o art. 15 do Decreto-Lei nº 57/1966, o critério da localização não será aplicável quando diante de um imóvel que, embora em zona urbana, tenha, comprovadamente, como destinação econômica a exploração vegetal, agrícola, pecuária ou agroindustrial. Portanto, segundo a doutrina[77] e o Superior Tribunal de Justiça (STJ),[78] tem-se uma dualidade de critérios que convivem, sendo o art. 32 do CTN (regra da localização) a regra geral, e o art. 15 do Decreto-Lei nº 57/1966 (regra da destinação) a exceção a ser aplicada, dependendo do caso.[79]

Contribuinte

Segundo o art. 31 do CTN[80] e o art. 4º da Lei nº 9.393/1996,[81] o contribuinte do ITR é proprietário de imóvel rural[82] – tanto a pessoa física quanto a pessoa jurídica –, aquele que seja titular de seu domínio útil ou seu possuidor a qualquer título, inclusive o usufrutuário.

Proprietário é aquele que se enquadra no instituto da propriedade tal qual definido pelo Código Civil (CC), ou seja, segundo seu art. 1.228, aquele capaz de usar, gozar e dispor da coisa, bem como reavê-la do poder de quem quer que injustamente a possua ou detenha. Segundo a doutrina civilista, a propriedade se divide em duas, incidindo o ITR sobre ambas.

---

[77] Ibid.

[78] Vide: BRASIL. Superior Tribunal de Justiça. Primeira Seção. REsp nº 1.112.646/SP. Relator: ministro Herman Benjamin. Julgamento em 26 de agosto de 2008. *DJe*, 28 ago. 2009.

[79] Vale ressaltar que o Decreto-Lei nº 57/1966 foi recepcionado pela CRFB/1988 como lei complementar.

[80] CTN: "Art. 31. Contribuinte do imposto é o proprietário do imóvel, o titular de seu domínio útil, ou o seu possuidor a qualquer título".

[81] Lei nº 9.393/1996: "Art. 4º. Contribuinte do ITR é o proprietário de imóvel rural, o titular de seu domínio útil ou o seu possuidor a qualquer título".

[82] Importa relembrar que o art. 29 do CTN restringe a incidência do ITR aos imóveis situados fora da zona urbana do município.

A propriedade plena, prevista no art. 1.228 do CC, e a propriedade fracionada, que é aquela na qual "uma das prerrogativas não é exercida pelo proprietário".[83]

Já o titular do domínio útil é aquele que adquiriu o imóvel rural por enfiteuse ou aforamento.

E em derradeiro, adota-se o instituto da posse tal qual definido pelo CC, para se discernir o possuidor a qualquer título. Dessa forma, o possuidor seria aquele que tem a posse plena do imóvel rural, sem subordinação (posse com *animus domini*), seja por direito real de fruição sobre coisa alheia, como ocorre no caso do usufrutuário, seja por ocupação autorizada ou não pelo poder público.

A expressão "possuidor a qualquer título", contida nos arts. 31 do CTN e 4º da Lei nº 9.393/1996, refere-se à posse plena,[84] sem subordinação, abrangendo a posse justa (legítima) e a posse injusta (ilegítima). A posse será justa se não for violenta, clandestina ou precária; será injusta se for:

1) violenta, ou seja, adquirida pela força física ou coação moral;
2) clandestina, isto é, estabelecida às ocultas daquele que tem interesse em tomar conhecimento;
3) precária, quando decorre do abuso de confiança por parte de quem recebe a coisa, a título provisório, com o dever de restituí-la.

Vale ainda dizer que, segundo o art. 4º da Lei nº 9.393/1996,[85] o domicílio tributário do contribuinte é aquele do município de localização do imóvel, estando assim vedada a eleição de qualquer outro. Também importa ressaltar que, conforme o

[83] RIBEIRO, Ricardo Lodi. *Tributos*, 2013, op. cit., p. 164.

[84] "Ao revés, se a aquisição da posse é derivada de negócio jurídico praticado pelo proprietário, ou seja, se este transfere voluntariamente a posse direta a um terceiro, permanecendo com a sua dimensão indireta, é a propriedade que será tributada" (ibid., p. 165).

[85] Lei nº 9.393/1996: "Art. 4º. [...] Parágrafo único. O domicílio tributário do contribuinte é o município de localização do imóvel, vedada a eleição de qualquer outro".

art. 123 do CTN,[86] a convenção particular entre o proprietário e um terceiro não é importante para delimitar quem será o contribuinte do imposto.

Base de cálculo

A base de cálculo desse imposto é o valor da terra sem qualquer tipo de benfeitoria ou beneficiamento (inclusive plantações), ou seja, é o valor da terra nua (VTN). *Terra nua* é o imóvel por natureza ou acessão natural, que compreende o solo com sua superfície e a respectiva mata nativa, floresta natural e pastagem.

Dessa forma, o valor a ser pago no ITR é obtido mediante a multiplicação do VTN tributável pela alíquota correspondente, considerados a área total e o grau de utilização do imóvel rural, que é a relação percentual entre a área efetivamente utilizada pela atividade rural e a área aproveitável do imóvel rural.

E, por fim, o VTN tributável, segundo o art. 10, § 1º, I, da Lei nº 9.393/1996, é o valor de mercado do imóvel, excluídos os valores de mercado relativos a:

a) construções, instalações e benfeitorias;
b) culturas permanentes e temporárias;
c) pastagens cultivadas e melhoradas;
d) florestas plantadas.

Área tributável

A área tributável pelo ITR, segundo o art. 10, § 1º, II, da Lei nº 9.393/1996, é composta pela área total do imóvel, excluídas as áreas:

---

[86] CTN: "Art. 123. Salvo disposições de lei em contrário, as convenções particulares, relativas à responsabilidade pelo pagamento de tributos, não podem ser opostas à Fazenda Pública, para modificar a definição legal do sujeito passivo das obrigações tributárias correspondentes".

1) de preservação permanente;
2) de reserva legal;
3) de reserva particular do patrimônio natural (RPPN);
4) de interesse ecológico, assim declaradas mediante ato do órgão competente, federal ou estadual, que sejam:
   a) destinadas à proteção dos ecossistemas e que ampliem as restrições de uso previstas para as áreas de preservação permanente e de reserva legal;
   b) comprovadamente imprestáveis para a atividade rural;
5) de servidão florestal;
6) de servidão ambiental;
7) cobertas por florestas nativas, primárias ou secundárias em estágio médio ou avançado de regeneração;
8) alagadas para fins de constituição de reservatório de usinas hidrelétricas autorizada pelo poder público.

ÁREA APROVEITÁVEL

A área aproveitável do imóvel rural é constituída pelas áreas:

1) utilizadas pela atividade rural;
2) não utilizadas pela atividade rural.

Logo, deve ser informada como parcela do imóvel rural e deve ser informada na declaração do ITR a área total do imóvel, excluídas:

1) as áreas não tributáveis;
2) as áreas ocupadas com benfeitorias úteis e necessárias destinadas à atividade rural.

Saliente-se que as áreas ocupadas com benfeitorias, construções e instalações empregadas diretamente na exploração de atividade granjeira ou aquícola não são excluídas da área aproveitável, por serem consideradas áreas utilizadas pela atividade rural.

Área efetivamente utilizada pela atividade rural, de acordo com o art. 10, § 1º, V, e § 6º, I e II, da Lei nº 9.393/1996, é a porção da área aproveitável do imóvel que, no ano anterior ao de ocorrência do fato gerador do ITR, tenha:

1) sido plantada com produtos vegetais, inclusive com reflorestamentos de essências exóticas ou nativas, ou permanecido em descanso para a recuperação do solo, desde que por recomendação técnica expressa de profissional legalmente habilitado, constante de laudo técnico;
2) servido de pastagem, nativa ou plantada, observados, quando aplicáveis, os índices de lotação por zona de pecuária, ou tenha sido ocupada com pastagens ainda em formação;
3) sido objeto de exploração extrativa, observados, quando aplicáveis, os índices de rendimento por produto e a legislação ambiental;
4) servido para a exploração de atividade granjeira ou aquícola;
5) sido objeto de implantação de projeto técnico, nos termos do art. 7º da Lei nº 8.629/1993, desde que atendidas as condições previstas na legislação;
6) comprovadamente se situado em área de ocorrência de calamidade pública, decretada pelo poder público local no ano anterior ao de ocorrência do fato gerador do ITR e reconhecida pelo governo federal, da qual tenha resultado frustração de safras ou destruição de pastagens;
7) sido oficialmente destinada à execução de atividades de pesquisa e experimentação que objetivem o avanço tecnológico da agricultura.

Grau de utilização

Grau de utilização (GU) é a relação percentual entre a área efetivamente utilizada pela atividade rural e a área aproveitável do imóvel rural. Constitui critério, juntamente com a área total do imóvel rural, para a determinação das alíquotas do ITR.

Na hipótese de inexistir área aproveitável, após excluídas as áreas não tributáveis e as áreas ocupadas com benfeitorias úteis e necessárias, o GU não pode ser calculado e serão aplicadas as alíquotas correspondentes aos imóveis rurais com grau de utilização superior a 80%, observada a área total do imóvel.

Áreas plantadas

As florestas plantadas no imóvel rural, destinadas ao corte, devem ser informadas como área de reflorestamento.

Quando essas florestas forem consideradas exóticas, deverão ser consideradas, para efeito do ITR, as espécies florestais originárias de região fitogeográfica diversa daquela em que se localiza o imóvel rural. Exemplo: a espécie florestal mogno, que tem como região fitogeográfica o norte do Brasil (considerada espécie nativa nessa região), quando utilizada no reflorestamento de imóvel rural situado no sul do país, constitui espécie exótica, pois não é originária dessa região fitogeográfica. E, nesse contexto, as áreas que forem exploradas comercialmente, com espécies arbóreas exóticas, devem ser informadas como área de reflorestamento.

Alíquotas

A alíquota utilizada para cálculo do ITR é estabelecida para cada imóvel rural, com base em sua área total e no respectivo grau de utilização, conforme a seguinte tabela (presente no art. 11 da Lei nº 9.393/1996):

Área total do imóvel em (hectares)	Grau de utilização (em porcentagem)				
	Maior que 80	Maior que 65 até 80	Maior que 50 até 65	Maior que 30 até 50	Até 30
Até 50	0,03	0,20	0,40	0,70	1,00
Maior que 50 até 200	0,07	0,40	0,80	1,40	2,00
Maior que 200 até 500	0,10	0,60	1,30	2,30	3,30
Maior que 500 até 1.000	0,15	0,85	1,90	3,30	4,70
Maior que 1.000 até 5.000	0,30	1,60	3,40	6,00	8,60
Acima de 5.000	0,45	3,00	6,40	12,00	20,00[87]

[87]

Imunidade

O ITR não incide, desde que atendidos os requisitos constitucionais e legais, sobre:

1) a pequena gleba rural;[88]
2) os imóveis rurais da União, dos estados, do Distrito Federal e dos municípios;[89]
3) os imóveis rurais de autarquias e fundações instituídas e mantidas pelo poder público;[90]

[87] Hugo de Brito Machado sustenta que a alíquota de 20% seria confiscatória; afinal, em cinco anos, o valor total do imóvel seria alcançado (MACHADO, Hugo de Brito. *Curso de direito tributário*. 25. ed. São Paulo: Malheiros, 2005. p. 345).

[88] Art. 153, § 4º, II, da CRFB/1988.

[89] Art. 150, VI, "a", da CRFB/1988.

[90] Art. 150, VI, "a", c/c § 2º da CRFB/1988.

4) os imóveis rurais de instituições de educação e de assistência social, sem fins lucrativos.[91]

Os imóveis rurais de que tratam as hipóteses descritas nos itens 3 e 4 somente são imunes do ITR quando vinculados às finalidades essenciais das entidades neles mencionadas.

Pequena gleba rural

Com base no parágrafo único do art. 2º da Lei nº 9.393/1996, pequena gleba rural é o imóvel rural com área igual ou inferior a:

I - 100 ha, se localizado em município compreendido na Amazônia Ocidental ou no Pantanal mato-grossense e sul-mato-grossense;

II - 50 ha, se localizado em município compreendido no Polígono das Secas ou na Amazônia Oriental;

III - 30 ha, se localizado em qualquer outro município.

Para que seja reconhecida a imunidade do ITR, seu proprietário, titular do domínio útil ou possuidor a qualquer título não poderá possuir qualquer outro imóvel, rural ou urbano, vedado arrendamento, comodato ou parceria.

Terras indígenas

As terras tradicionalmente ocupadas pelos índios são bens da União, porém os índios têm a posse permanente, a título de usufruto especial. Essas terras são inalienáveis e indisponíveis, e os direitos sobre elas são imprescritíveis. Por conseguinte, são imunes do ITR as áreas tradicionalmente ocupadas pelos índios.

---

[91] Art. 150, VI, "c", da CRFB/1988.

Nesse caso, segundo a Procuradoria-Geral da Fazenda Nacional (PGFN), em razão dos princípios da eficiência e da boa administração, cabe à Secretaria do Patrimônio da União (SPU) municiar a Secretaria da Receita Federal do Brasil (SRF) com dados cadastrais que espelhem a situação fundiária dessas áreas, para fins de atualização e manutenção do cadastro de imóveis rurais.

Instituições de educação e de assistência social

Para que possa usufruir da imunidade, as instituições de educação e de assistência social devem prestar os serviços para os quais houverem sido instituídas e os colocar à disposição da população em geral, em caráter complementar às atividades do Estado, sem fins lucrativos, e atender aos seguintes requisitos:

1) não distribuir qualquer parcela de seu patrimônio ou de suas rendas, a qualquer título;
2) aplicar integralmente, no país, seus recursos na manutenção e desenvolvimento dos seus objetivos institucionais;
3) não remunerar, por qualquer forma, seus dirigentes pelos serviços prestados;
4) manter escrituração completa de suas receitas e despesas em livros revestidos das formalidades que assegurem a respectiva exatidão;
5) conservar em boa ordem, pelo prazo de cinco anos, contado da data da emissão, os documentos que comprovem a origem de suas receitas e a efetivação de suas despesas, bem assim a realização de quaisquer outros atos ou operações que venham a modificar sua situação patrimonial;
6) apresentar, anualmente, declaração de rendimentos, em conformidade com o disposto em ato da SRF;
7) assegurar a destinação de seu patrimônio a outra instituição que atenda às condições para o gozo da imunidade, no caso

de incorporação, fusão, cisão ou de encerramento de suas atividades, ou a órgão público;

8) outros requisitos, estabelecidos em lei específica, relacionados com o funcionamento destas entidades.

Entidade sem fins lucrativos

Entidade sem fins lucrativos é aquela que não apresenta superávit em suas contas ou, caso o apresente em determinado exercício, destine o referido resultado, integralmente, à manutenção e ao desenvolvimento de seus objetivos sociais.

Isenção

São isentos do ITR, segundo o art. 3º da Lei nº 9.393/1996:

I - o imóvel rural compreendido em programa oficial de reforma agrária, caracterizado pelas autoridades competentes como assentamento, que, cumulativamente, atenda aos seguintes requisitos:

a) seja explorado por associação ou cooperativa de produção;

b) a fração ideal por família assentada não ultrapasse os limites estabelecidos no artigo anterior;

c) o assentado não possua outro imóvel.

II - o conjunto de imóveis rurais de um mesmo proprietário, cuja área total observe os limites fixados no parágrafo único do artigo anterior, desde que, cumulativamente, o proprietário:

a) o explore só ou com sua família, admitida ajuda eventual de terceiros;

b) não possua imóvel urbano.

Áreas que sofreram reforma agrária

O ITR incide sobre a propriedade rural desapropriada por utilidade ou necessidade pública, ou por interesse social, inclusive para fins de reforma agrária. Quando a desapropriação for promovida por pessoa jurídica de direito público, o ITR incide, segundo o art. 1º, § 1º, da Lei nº 9.393/1996, sobre o imóvel rural:

1) até a data da perda da posse pela imissão prévia ou provisória do poder público na posse;

2) até a data da perda do direito de propriedade pela transferência ou pela incorporação do imóvel ao patrimônio do poder público.

No entanto, o imóvel rural compreendido em programa oficial de reforma agrária, caracterizado pelas autoridades competentes como assentamento, que tenha área explorada por contrato de arrendamento, comodato ou parceria, perde a isenção, sujeitando-se ao pagamento do ITR.

O ITR também incide sobre o imóvel rural compreendido nos programas oficiais de reforma agrária caracterizados como assentamentos, dependendo da titulação feita e da forma de exploração do imóvel rural.

Titulação do imóvel rural feita individualmente

Dá-se quando cada assentado tem, individualmente, um título de domínio ou de concessão de uso.

Nesse caso, o imóvel rural será tributado normalmente, caso não se enquadre em nenhuma das demais hipóteses de imunidade ou isenção.

Titulação do imóvel rural feita em nome coletivo e exploração feita por associação ou cooperativa de produção

Esse assentamento será isento do ITR se a fração ideal por família assentada não ultrapassar os limites da pequena gleba e se nenhum dos assentados possuir, individual ou coletivamente, qualquer outro imóvel rural ou urbano.

Nesse caso, existe condomínio, sendo essa a única hipótese em que o condomínio é isento.

Titulação do imóvel rural feita em nome coletivo e a exploração não é feita por associação ou cooperativa de produção

Nesse caso, o imposto será apurado normalmente, pois não existe imunidade, nem isenção. Existe um imóvel rural em condomínio, sendo tributado normalmente.

Titulação do imóvel rural feita em nome da associação ou cooperativa

Nesse caso, o imóvel é propriedade de uma pessoa jurídica como outra qualquer; não existe imunidade, nem isenção.

Exemplo de cálculo do ITR

Uma propriedade rural de 200 hectares tem uma área tributável de 50 hectares. A área não utilizada corresponde a 10 hectares. O VTN do imóvel é de 5.000.

O VTNT corresponde ao VTN multiplicado pelo quociente entre a área tributável e a área total do imóvel.

$$VTNT = VTN \times \text{área tributável} / \text{área total do imóvel}$$
$$VTNT = 5.000 \times 50 / 200$$
$$VTNT = 1.250$$

O grau de utilização corresponde ao quociente entre a área efetivamente utilizada (diferença entre a área aproveitável e a área não utilizada). No caso mencionado, a área aproveitável corresponde a 50 hectares e a área não utilizada, a 10 hectares.

SÉRIE DIREITO TRIBUTÁRIO

Portanto, a área efetivamente aproveitável corresponde a 40 hectares.

A área aproveitável (GU) é: 40 / 50 = 0,8

Para cálculo do ITR:

ITR = VTNT × alíquota

Considere-se a alíquota de 0,40, conforme a tabela anterior.

ITR = 1.250 × 0,40 = R$ 500,00

Questões de automonitoramento

1) Após ler o material, você é capaz de resumir o caso gerador apresentado no capítulo 7, identificando as partes envolvidas, os problemas atinentes e as soluções cabíveis?
2) Defina o conceito de contribuinte para fins de imposto sobre a propriedade territorial rural.
3) Discorra sobre o que constitui fato gerador do ITR e sua respectiva base de cálculo.
4) Quais são as imunidades existentes com relação à tributação do ITR?
5) Discorra sobre as isenções do ITR.
6) Pense e descreva, mentalmente, alternativas para a solução do caso gerador apresentado no capítulo 7.

4

Imposto sobre a propriedade de veículos automotores (IPVA)

Roteiro de estudo

Introdução

Este capítulo tem o objetivo de apresentar ao aluno algumas diretrizes para o aprofundamento do estudo sobre o imposto sobre a propriedade de veículos automotores (IPVA).

A primeira forma de incidência tributária sobre a propriedade veicular no Brasil foi a taxa rodoviária única (TRU), instituída pelo Decreto-Lei nº 999, de 21 de outubro de 1969, que era cobrada anualmente pela União no licenciamento dos veículos.

O IPVA surgiu no cenário brasileiro a partir da Emenda Constitucional (EC) nº 27, de 28 de novembro de 1985, que acrescentou o inciso III ao art. 23 da Constituição de 1969, atribuindo aos estados e ao Distrito Federal a competência para instituí-lo.

Dessa forma, extinguiu-se a TRU. No entanto, a jurisprudência e a doutrina relativas a esta continuam servindo como suporte interpretativo, à luz do atual imposto.

A atual Constituição Federal (CRFB/1988) versa sobre o IPVA em seu art. 155, III, e § 6º, I e II, mantendo-o na competência dos estados e do Distrito Federal.

O inciso III do art. 158 da Carta Magna determina que 50% do produto da arrecadação do imposto do estado sobre a propriedade de veículos automotores licenciados em seus territórios se destinarão aos municípios. Assim, resta ainda a cada estado da federação ter competência para legislar sobre esse tributo.

Neste estudo, serão abordados, a partir da CRFB/1988, do Código Tributário Nacional (CTN) e das leis ordinárias, aspectos relativos ao fato gerador, contribuinte, base de cálculo e forma da tributação do IPVA.

Fato gerador

O fato gerador do IPVA não é definido por lei complementar, gerando dúvidas quanto a sua legalidade. A polêmica se dá porque o art. 146, III, "a", da CRFB/1988[92] determina que compete à lei complementar estabelecer as normas gerais em matéria tributária, cabendo, nessa determinação, a dos fatos geradores.

O Supremo Tribunal Federal (STF), contudo, já se manifestou no sentido de que, ausente a lei complementar a estabelecer o fato gerador, deverá o estado-membro exercer a competência legislativa plena, excepcional e provisória de que trata o art. 24, § 3º, da CRFB/1988.[93]

---

[92] CRFB/1988: "Art. 146. Cabe à lei complementar: [...] III - estabelecer normas gerais em matéria de legislação tributária, especialmente sobre: a) definição de tributos e de suas espécies, bem como, em relação aos impostos discriminados nesta Constituição, a dos respectivos fatos geradores, bases de cálculo e contribuintes".

[93] "IMPOSTO SOBRE PROPRIEDADE DE VEÍCULOS AUTOMOTORES – IMUNIDADE RECÍPROCA – ALIENAÇÃO FIDUCIÁRIA – MATÉRIA CONSTITUCIONAL – AGRAVO PROVIDO. [...] Na ausência de lei complementar que estabeleça o fato gerador, a base de cálculo e os contribuintes do IPVA, é o caso de exercício da competência legislativa plena, excepcional e provisória, dos estados membros, com base no art. 24, § 3º, da

Assim, em razão de os estados e o Distrito Federal terem competência para a arrecadação desse tributo, com liberdade para legislarem acerca da forma de instituição e arrecadação do imposto, há alguns motivos de controvérsia que podem ser suscitados, uma vez que os entes federados estão autorizados a exercer a competência legislativa plena.

Logo, diversas disparidades se deram nas legislações, sobretudo no que tange à incidência do imposto sobre embarcações e aeronaves.

Basicamente, o fato gerador do IPVA se define pelo binômio "ser proprietário de veículo automotor". A partir da ocorrência do fato ora descrito, no momento da aquisição do veículo novo, ou a partir de 1º de janeiro do ano seguinte, por exemplo, em qualquer ponto do território nacional, passa o estado (onde o respectivo veículo se encontra registrado, em regra) a ter o direito de exigir o pagamento do IPVA do sujeito passivo (proprietário do veículo), calculado de acordo com a base de cálculo (que, em geral, é valor venal do veículo) e alíquotas, estabelecidas pela respectiva lei estadual.

Não existe, porém, uma padronização no texto legislativo dos estados, podendo haver peculiaridades destoantes, como se observa, por exemplo, na diferença entre os textos da legislação do estado do Rio de Janeiro e do Distrito Federal:

RJ – Lei nº 2.877/1997:

> Art. 1º. O Imposto sobre a Propriedade de Veículos Automotores Terrestres, devido anualmente, tem como fato gerador a propriedade de veículo automotor terrestre por proprietário domiciliado ou residente no Estado do Rio de Janeiro.

Constituição da República de 1988, e no art. 34, § 3º, do ADCTR" (BRASIL. Supremo Tribunal Federal. AI nº 822.814 MG. Relator: ministro Marco Aurélio. Julgamento em 12 de novembro de 2012. *DJe*-227, 20 nov. 2012).

TRIBUTAÇÃO SOBRE PATRIMÔNIO

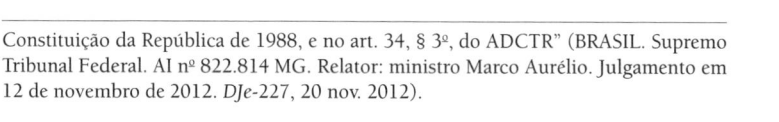

DF – Lei nº 7.431/1985:

> Art. 1º. É instituído, no Distrito Federal, o imposto sobre a propriedade de veículos automotores devido anualmente, a partir do exercício de 1986, pelos proprietários de veículos automotores registrados e licenciados nesta Unidade da Federação. [...]
> § 5º. Fato gerador do Imposto sobre a Propriedade de Veículos Automotores – IPVA é a propriedade, o domínio útil ou a posse legítima do veículo automotor.

Propriedade

Conceito já pacificado na doutrina, proprietário se define como aquele que possui o direito de usar, gozar e dispor da coisa, e reivindicá-la de quem a injustamente a detenha.[94]

A falta de lei complementar traz também a dificuldade de se entender qual a interpretação do vocábulo propriedade, ou seja, se deveria ser restrita ou pode ser estendida pela lei estadual, a exemplo do que faz o art. 32 do CTN em relação ao IPTU.[95]

O Código de Trânsito Brasileiro (CTB – Lei nº 9.503/1997) estabelece a necessidade de se realizar o "registro de veículos", com a expedição do certificado de registro de veículos (CRV), como forma de evidenciar a propriedade do bem.[96]

---

[94] PEREIRA, Caio Mário da Silva. *Instituições de direito civil*. 17. ed. Rio de Janeiro: Forense, 2002. v. IV, p. 67.

[95] CTN: "Art. 32. O imposto, de competência dos Municípios, sobre a propriedade predial e territorial urbana tem como fato gerador a propriedade, *o domínio útil ou a posse* de bem imóvel por natureza ou por acessão física, como definido na lei civil, localizado na zona urbana do Município" (grifo nosso).

[96] Lei nº 9.503/1997: "Art. 120. Todo veículo automotor, elétrico, articulado, reboque ou semirreboque, deve ser registrado perante o órgão executivo de trânsito do Estado ou do Distrito Federal, no Município de domicílio ou residência *de seu proprietário*, na forma da lei" (grifo nosso).

Assim, é natural que eventual transferência da propriedade do veículo torne necessária a informação ao respectivo órgão de trânsito. É o que regula o CTB em seu art. 134, ao atribuir ao antigo proprietário a responsabilidade pela comunicação da mudança de propriedade, sob pena de se tornar responsável solidário quanto às penalidades impostas até a data da comprovação da transferência.

Vale observar a lição de Flávia Almeida Pita, que, ao lecionar sobre o assunto, dispõe da seguinte forma:

> Nesta matéria, necessário que se consultem as disposições dos arts. 1.260 a 1.274 do CC/2002, que cuidam da "aquisição da propriedade móvel" no nosso ordenamento jurídico.
>
> Os bens móveis se adquirem por usucapião (art. 1.260), ocupação (1.263), achado do tesouro (art. 1.264), especificação (art. 1.269), confusão, comissão e adjunção (art. 1.272) e, por último, porque pertinente com os fatos que ora se analisam, por tradição (art. 1.267).
>
> De modo diferente do que acontece com a propriedade imobiliária, a transmissão da propriedade do bem móvel, pois não guarda dependência do respectivo "registro do título" (art. 1.245). A mera tradição é suficiente para validamente alterar a titularidade do domínio.[97]
>
> À falta de qualquer menção ao sistema de registro de veículos pela Lei Civil, a transmissão da propriedade de veículos automotores, por certo, dela não depende.

O que se pode perceber, então, é que, ainda que seja um instrumento que ajude a auferir a propriedade, o registro da

---

[97] PITA, Flávia Almeida. Pedido de reconhecimento de ausência de responsabilidade tributária. Exercício de controle de legalidade pela Procuradoria do estado. IPVA. In: MARTINS, Ives Gandra da Silva; BRITO, Edvaldo (Org.). *Doutrinas essenciais do direito tributário*. São Paulo: Revista dos Tribunais, 2011. v. IV, p. 1077.

aquisição e da transferência do veículo não é a única forma de demonstrá-la.

Assim, diferentemente do que faz crer o art. 134 do CTB, mesmo que caibam medidas administrativas solidárias, uma vez sendo a comunicação da transferência obrigatória, não é correto entender que ao IPVA também se aplicará a responsabilidade solidária, posto *ser contribuinte do imposto o proprietário do veículo.*

Esse entendimento já está consolidado pelo Superior Tribunal de Justiça (STJ),[98] conforme pode ser observado pelo julgado a seguir, que dispõe o seguinte:

> PROCESSUAL CIVIL. RECURSO ESPECIAL. TRIBUTÁRIO. IPVA E TAXA DE LICENCIAMENTO. ALIENAÇÃO DE VEÍCULO. AUSÊNCIA DE COMUNICAÇÃO, NA FORMA DO ART. 134 DO CTB. CIRCUNSTÂNCIA QUE NÃO GERA RESPONSABILIDADE TRIBUTÁRIA AO ANTIGO PROPRIETÁRIO, EM RELAÇÃO AO PERÍODO POSTERIOR À ALIENAÇÃO.
>
> [...]
>
> *2. A responsabilidade solidária prevista no art. 134 do CTB refere-se às penalidades (infrações de trânsito), não sendo possível interpretá-lo ampliativamente para criar responsabilidade tributária ao antigo proprietário, não prevista no CTN*, em relação a imposto ou taxa incidente sobre veículo automotor, no que se refere ao período posterior à alienação. Ressalte-se que a exigência de encaminhamento do comprovante (comunicação), na forma prevista no artigo referido, não se caracteriza como condição nem como ato constitutivo da transferência da propriedade, tendo como finalidade apenas afastar a responsabilidade do

---
[98] O mesmo pode ser observado no Informativo nº 0409, de 28 de setembro a 2 de outubro de 2009.

antigo proprietário pelas penalidades impostas e suas reincidências até a data da comunicação.

Nesse sentido: REsp 1.116.937/PR, 1ª Turma, Rel. Min. Benedito Gonçalves, DJe de 8.10.2009.

3. Recurso especial provido.[99]

Dessa forma, deve restar claro que, ainda que faça presumir a propriedade do bem na forma do CTB, o registro de veículos não tem caráter absoluto e não é o único meio hábil de auferi-la, podendo esta ser elidida por meio de prova idônea.

Veículo automotor

Entende-se que não há incidência do IPVA em relação aos bens móveis para os quais a motorização é mero facilitador de sua utilização, afastando, assim, o alcance da incidência. Portanto, não há incidência sobre guindastes, motoniveladoras etc.

Em virtude da ausência de lei complementar que defina o conceito de "veículo automotor", tal definição ficou à mercê das legislações estaduais. Em decorrência disso, surgiu a controvérsia sobre a incumbência na definição do alcance de tal expressão em relação às embarcações e aeronaves.

O conceito de veículo automotor se encontra disposto no anexo I do CTB (Lei nº 9.503/1997):

Veículo Automotor – todo veículo a motor de propulsão que circule por seus próprios meios e que serve normalmente para o transporte viário de pessoas e coisas, ou para a tração viária de veículos utilizados para o transporte de pessoas e coisas.

[99] BRASIL. Superior Tribunal de Justiça. Segunda Turma. REsp nº 1.180.087/MG. Relator: ministro Mauro Campbell Marques. Julgamento em 7 de agosto de 2012. *DJe*, 14 ago. 2012, grifo nosso.

O termo compreende os veículos conectados a uma linha elétrica e que não circulam sobre trilhos (ônibus elétrico).

Já o conceito de aeronave vem descrito no *caput* do art. 106 do Código Brasileiro de Aeronáutica (CBA – Lei nº 7.565/1986):

> Considera-se aeronave todo aparelho manobrável em voo, que possa sustentar-se e circular no espaço aéreo, mediante reações aerodinâmicas, apto a transportar pessoas ou coisas.

A Lei nº 2.180/1954, ao dispor sobre a organização e as funções do Tribunal Marítimo, traz o seguinte conceito de embarcação (art. 11, parágrafo único e suas alíneas):

> Art. 11. Considera-se embarcação mercante toda construção utilizada como meio de transporte por água, e destinada à indústria da navegação, quaisquer que sejam as suas características e lugar de tráfego.
> Parágrafo único. Ficam-lhe equiparados:
> a) os artefatos flutuantes de habitual locomoção em seu emprego;
> b) as embarcações utilizadas na praticagem, no transporte não remunerado e nas atividades religiosas, científicas, beneficentes, recreativas e desportivas;
> c) as empregadas no serviço público, exceto as da Marinha de Guerra;
> d) as da Marinha de Guerra, quando utilizadas total ou parcialmente no transporte remunerado de passageiros ou cargas;
> e) as aeronaves durante a flutuação ou em voo, desde que colidam ou atentem de qualquer maneira contra embarcações mercantes;
> f) os navios de Estados estrangeiros utilizados para fins comerciais. (Incluído pela Lei nº 9.578, de 1997)

Mais uma vez, observa-se que os elementos trazidos pelos legisladores não foram suficientes para elucidar a questão. Ao mencionar que veículo automotor "serve normalmente para o transporte viário de pessoas e coisas", o CBT, com ou sem intenção, incluiu no conceito de veículo automotor as aeronaves e embarcações, visto que estas transportam pessoas e coisas em vias aéreas e aquáticas, respectivamente.

Da mesma forma, os conceitos legais que definiram aeronaves e embarcações em nada contribuíram para a solução da controvérsia, pois especificam que ambos os veículos servem para transporte de pessoas e coisas.

No entanto, parte da doutrina e da jurisprudência, por uma interpretação histórica, entende que o IPVA foi instituído para substituir a TRU, de modo que, como esta não abarcava aeronaves e embarcações, mas somente veículos terrestres, aquela também deveria incidir no mesmo sentido.[100; 101]

Vale observar que mesmo que as leis estaduais, em sua maioria, não disponham sobre a isenção ou não incidência do IPVA sobre embarcações e aeronaves, essa matéria já foi amplamente discutida no STF, que adota o seguinte entendimento:

PROCESSUAL CIVIL E TRIBUTÁRIO. *IPVA. AERONAVES E EMBARCAÇÕES. NÃO INCIDÊNCIA.* JURISPRUDÊNCIA DO

---

[100] "EMENTA: Recurso Extraordinário. Tributário. 2. Não incide Imposto de Propriedade de Veículos Automotores (IPVA) sobre embarcações (Art. 155, III, CF/88 e Art. 23, III e § 13, CF/67 conforme EC 01/69 e EC 27/85). Precedentes. 3. Recurso extraordinário conhecido e provido" (BRASIL. Supremo Tribunal Federal. Tribunal Pleno. RE nº 379.572/RJ. Relator: ministro Gilmar Mendes. Julgamento em 11 de abril de 2007. *DJe*, 1º fev. 2008).

[101] "EMENTA: IPVA – Imposto sobre Propriedade de Veículos Automotores (CF, art. 155, III; CF 69, art. 23, III e § 13, cf. EC 27/85): campo de incidência que não inclui embarcações e aeronaves" (BRASIL. Supremo Tribunal Federal. Tribunal Pleno. RE nº 255.111/SP. Relator: ministro Marco Aurélio. Relator p/acórdão: ministro Sepúlveda Pertence. Julgamento em 29 de maio de 2002. *DJ*, 13 dez. 2002).

SUPREMO TRIBUNAL FEDERAL. VÍCIO FORMAL. AUSÊN-
CIA DE INDICAÇÃO DA HIPÓTESE AUTORIZADORA DO
RECURSO. SUPERAÇÃO DO VÍCIO, QUANDO DA LEITURA
DAS RAZÕES FOR POSSÍVEL INFERI-LA. AGRAVO REGI-
MENTAL A QUE SE NEGA PROVIMENTO.[102]

Dessa mesma forma, corroborando a não incidência de
IPVA sobre aeronaves e embarcações, encontram-se os seguintes
precedentes do STF: RE nº 379.572/RJ, de relatoria do ministro
Gilmar Mendes; RE nº 134.509/AM, de relatoria do ministro
Marco Aurélio; AI nº 527.054/SP, de relatoria do ministro Se-
púlveda Pertence; e AI nº 426.535/DF, de relatoria do ministro
Carlos Velloso.

Ainda, tem-se o Informativo nº 462[103] do STF que, no título
IPVA e Embarcações – 2, dispõe que entende por inconstitucional
a incidência de IPVA sobre embarcações e aeronaves.

O aspecto temporal

Conforme já explicado, na ausência de lei federal acerca
de normas gerais sobre o IPVA, é dos estados-membros a competência plena para instituir o imposto.

Diante disso, conclui-se que o momento exato da ocorrência do fato gerador estará previsto na legislação estadual.

[102] BRASIL. Supremo Tribunal Federal. Segunda Turma, RE nº 525382 AgR/SP. Relator:
ministro Teori Zavascki. Julgamento em 26 de fevereiro de 2013. *DJe*, 12 mar. 2013,
grifo nosso.

[103] "É inconstitucional a incidência do IPVA sobre embarcações. Com base nesse entendimento, o Tribunal, por maioria, proveu recurso extraordinário para declarar a não
recepção do inciso II do art. 5º da Lei 948/85, do Estado do Rio de Janeiro – v. Informativo 441. Adotou-se a orientação fixada pela Corte no julgamento do RE 134509/AM
(DJU de 13.9.2002), no sentido de que o IPVA é sucedâneo da antiga Taxa Rodoviária
Única – TRU, cujo campo de incidência não inclui embarcações e aeronaves. Vencidos
os Ministros Joaquim Barbosa e Marco Aurélio que negavam provimento ao recurso

No estado do Rio de Janeiro, o fato gerador do imposto em comento se encontra previsto no art. 1º da Lei nº 2.877/1997:

Art. 1º. O Imposto sobre a Propriedade de Veículos Automotores Terrestres, devido anualmente, tem como fato gerador a propriedade de veículo automotor terrestre por proprietário domiciliado ou residente no Estado do Rio de Janeiro.

Parágrafo único. Considera-se ocorrido o fato gerador:

I - em 1º de janeiro de cada exercício ou quando o veículo for encontrado no território do Estado do Rio de Janeiro sem o comprovante do pagamento do imposto objeto desta Lei;

II - na data de sua primeira aquisição por consumidor final, no caso de veículo novo;

III - na data do desembaraço aduaneiro, em se tratando de veículo novo ou usado importado do exterior pelo consumidor final.

Base de cálculo

A base de cálculo do IPVA é o valor do veículo automotor, utilizando-se os estados de publicações especializadas, que determinam em tabelas os valores conforme a marca, o modelo, o ano de fabricação e o valor venal do veículo.

No estado do Rio de Janeiro, a base de cálculo do citado tributo se encontra prevista nos arts. 6º a 9º da Lei nº 2.877/1997:

Art. 6º. A base de cálculo do imposto é o valor venal do veículo automotor.

por considerar que o IPVA incide também sobre embarcações. RE 379572/RJ, rel. Min. Gilmar Mendes, 11.4.2007 (RE-379572)" (Informativo STF nº 462. Brasília, 2 a 13 de abril de 2007. Disponível em: <www.stf.jus.br/arquivo/informativo/documento/informativo462.htm>. Acesso em: 1º set. 2015.

Art. 7º. Tratando-se de veículo usado, o valor do imposto constará de tabela baixada, anualmente, pelo Secretário de Estado de Fazenda.

Parágrafo único. Para a apuração do valor venal poderão ser levados em conta os preços mensalmente praticados no mercado e os preços médios aferidos por publicações especializadas, podendo ainda ser considerados: peso, potência, capacidade máxima de tração, cilindrada, número de eixos, tipo de combustível e dimensões do veículo.

Art. 8º. No caso de veículo novo, o valor venal será o preço comercial tabelado pelo órgão competente ou, na sua falta, o preço à vista constante do documento fiscal emitido pelo revendedor.

§ 1º. Entende-se como veículo novo, se de fabricação nacional, aquele entregue, sem uso, pelo fabricante, pela concessionária ou agente, ao primeiro adquirente, qualquer que seja o ano de sua fabricação.

§ 2º. Na hipótese deste artigo, a base de cálculo do imposto não poderá ser inferior à que prevalecer para a fixação do valor do imposto devido por veículo usado de iguais características, de fabricação mais recente, constante da tabela a que se refere o artigo 7º.

§ 3º. Quando se tratar de veículo cuja montagem final resulte da conjugação de atividades de fabricantes, montadores ou prestadores de serviços, em diversas etapas, o valor venal será, no mínimo, o somatório dos valores constantes dos documentos relativos à participação de cada um deles para a obtenção do veículo acabado.

Art. 9º. Veículos novos ou usados, importados diretamente do exterior pelo consumidor final, terão como base de cálculo o valor constante do documento de importação, acrescido dos valores dos tributos e quaisquer despesas aduaneiras devidos pela importação, ainda que não recolhidos pelo importador, observado o disposto no § 2º do art. 8º.

Ressalte-se, ainda, que nada exclui a possibilidade de reajuste do IPVA, por norma infralegal, conforme a aplicação do art. 97, § 2º, do CTN:[104; 105]

> Art. 97. Somente a lei pode estabelecer:
>
> [...]
>
> II - a majoração de tributos, ou sua redução, ressalvado o disposto nos artigos 21, 26, 39, 57 e 65;
>
> [...]
>
> § 2º. Não constitui majoração de tributo, para os fins do disposto no inciso II deste artigo, a atualização do valor monetário da respectiva base de cálculo.

Alíquotas

Por variar em função do tipo ou utilização, as alíquotas do IPVA poderão ser estabelecidas na lei estadual.

Essas variações, de natureza extrafiscal, podem privilegiar utilitários ou veículos nacionais. Por consequência, houve o problema de grandes frotistas terem sido atraídos por aliciantes fiscais para emplacar carros em outros estados.

---

[104] "IPVA – TABELA DE VALORES – CORREÇÃO. A correção da tabela de valores no ano da cobrança do tributo não implica violência aos princípios insculpidos na Constituição Federal. Prevalecem o fato gerador, a base de cálculo e as alíquotas previstas na legislação estadual editada com observância àqueles princípios. A simples correção da tabela não modifica quer o fato gerador, quer a base de cálculo, no que se revelam como sendo a propriedade do veículo e o valor deste" (BRASIL. Supremo Tribunal Federal. Segunda Turma. AI nº 169.370 AgR/SP. Relator: ministro Marco Aurélio. Julgamento em 27 de outubro de 1995. *DJ*, 2 fev. 1996).

[105] "TRIBUTÁRIO. IPVA. BASE DE CÁLCULO. MAJORAÇÃO. – DE ACORDO COM O PRINCÍPIO DA RESERVA LEGAL, A MAJORAÇÃO DA BASE DE CÁLCULO DO IPVA DEPENDE DE LEI. – ILEGÍTIMO O AUMENTO DO VALOR VENAL DO VEÍCULO, MEDIANTE RESOLUÇÃO, EM MONTANTE SUPERIOR AOS ÍNDICES DE CORREÇÃO MONETÁRIA" (BRASIL. Superior Tribunal de Justiça. Segunda Turma. RMS nº 3.733/RO. Relator: ministro Américo Luz. Julgamento em 15 de março de 1995. *DJ*, 10 abr. 1995). Ver súmula nº 160 do STJ.

Dessa forma, a variação é admitida por conta do tipo e da utilização, mas não da sua origem, conforme prelecionou a Constituição Federal:

> Art. 155. Compete aos Estados e ao Distrito Federal instituir impostos sobre:
> [...]
> III - propriedade de veículos automotores;
> [...]
> § 6º. O imposto previsto no inciso III:
> I - terá alíquotas mínimas fixadas pelo Senado Federal;
> II - poderá ter alíquotas diferenciadas em função do tipo e utilização.

É sobre o que tratam os seguintes julgados:

> AGRAVO REGIMENTAL NO RECURSO EXTRAORDINÁRIO. CONSTITUCIONAL. TRIBUTÁRIO. IMPOSTO SOBRE A PRO-PRIEDADE DE VEÍCULOS AUTOMOTORES. AUSÊNCIA DE LEI COMPLEMENTAR NACIONAL QUE DISPONHA SOBRE O TRIBUTO NOS TERMOS DO ART. 146, III, A, DA CONS-TITUIÇÃO. EXERCÍCIO DA COMPETÊNCIA TRIBUTÁRIA PLENA PELOS ESTADOS-MEMBROS COM AMPARO NO ART. 24, § 3º, DA CONSTITUIÇÃO. PRECEDENTES. PREVISÃO DE ALÍQUOTAS DIFERENCIADAS EM RAZÃO DO TIPO DE VEÍCULO. POSSIBILIDADE. AGRAVO IMPROVIDO.
> I – Ante a omissão do legislador federal em estabelecer as normas gerais pertinentes ao imposto sobre a doação de bens móveis, os Estados-membros podem fazer uso de sua competência legislativa plena com fulcro no art. 24, § 3º, da Constituição.
> II – A jurisprudência do STF firmou orientação no sentido de que, mesmo antes da EC 42/03 – que incluiu o § 6º, II, ao art. 155 da CF –, já era permitida a instituição de alíquotas de

IPVA diferenciadas segundo critérios que não levem em conta a capacidade contributiva do sujeito passivo, por não ensejar a progressividade do tributo. É o que se observa no caso dos autos, em que as alíquotas do imposto foram estabelecidas em razão do tipo e da utilização do veículo.

III – Agravo regimental improvido.[106]

Arguição de Inconstitucionalidade. Art. 1º da Lei Estadual nº 3.335/1999 que alterou a Lei nº 2.877/1997, majorando para 2% a alíquota do IPVA para ônibus, micro-ônibus, motocicletas e ciclomotores, bem como da respectiva Resolução SEFCON nº 3.539/99.

Rejeição da preliminar de impedimento do Relator originário arguida pelo Ministério Público, eis que consoante dispõe o Regimento Interno deste Tribunal, em hipóteses de sobrestamento do feito na origem, caso o Relator do acórdão em que for suscitado o incidente integre o Órgão Especial, haverá a sua vinculação em ambos os feitos.

Não acolhimento da Arguição em relação à Resolução SEFCON nº 3.539/99 e seu Anexo I, eis que o referido ato administrativo vulneraria, em tese, a norma disposta no Código Tributário Nacional, o que demandaria a análise de inconstitucionalidade reflexa e caracterizaria, eventualmente, um problema de legalidade que não se sujeitaria ao princípio da reserva de plenário.

O Supremo Tribunal Federal sempre se inclinou pela possibilidade da legislação estadual adotar alíquotas diversas e selecionadas segundo a natureza, o tipo, a destinação e o uso do veículo, o que restou sedimentado com a introdução, no artigo 155 da Constituição Federal, do § 6, inciso II, pela Emenda

---

[106] BRASIL. Supremo Tribunal Federal. Segunda Turma. RE nº 601247 AgR/RS. Relator: ministro Ricardo Lewandowski. Julgamento em 29 de maio de 2012. *DJe*, 13 jun. 2012.

Constitucional nº 42/2003, possibilitando a fixação de alíquotas diferenciadas em função do tipo e da utilização do veículo. Portanto, permitiu-se em imposto de natureza predominantemente fiscal e real, a adoção da técnica da progressividade das alíquotas, de cunho eminentemente extrafiscal. Todavia, não obstante a fixação das alíquotas siga critérios de política legislativa, há que se observar a capacidade contributiva no seu aspecto limitador da carga tributária, isto é, de vedação ao confisco, bem como o princípio da razoabilidade, norteador de todos os atos normativos.

Hipótese em que a majoração da alíquota do imposto em questão, de 1% para 2%, não configura qualquer situação que possa ser classificada, sequer em tese, como confisco, revelando-se a legislação estadual em apreço absolutamente compatível com o ordenamento constitucional ou, mais precisamente, com o princípio da razoabilidade. Rejeição da Arguição.[107]

IPVA – ALÍQUOTAS DIFERENCIADAS. Não implica ofensa à Constituição Federal o estabelecimento de alíquotas diferenciadas conforme a destinação do veículo automotor. Precedentes: Agravos Regimentais nos Recursos Extraordinários nº 414.259/MG e nº 466.480/MG, ambos relatados na Segunda Turma, pelo Ministro Eros Grau; e Agravo Regimental no Agravo de Instrumento nº 167.777/SP, Segunda Turma, de minha relatoria, entre outros. IPVA – AUTOMÓVEIS USADOS – VALOR VENAL – DEFINIÇÃO PELO PODER EXECUTIVO. Prevendo a lei a incidência da alíquota do Imposto sobre Propriedade de Veículos Automotores – IPVA sobre o valor venal do veículo,

---

[107] RIO DE JANEIRO (Estado). Tribunal de Justiça do Estado do Rio de Janeiro. Oitava Câmara Cível. Órgão Especial. Processo nº 044908-94.2010.8.19.0000. Relator: desembargador Mario Robert Mannheimer. Julgamento em 11 de julho de 2011. *DJe*, 28 set. 2011.

não conflita com a Carta da República a remessa da definição do quantitativo ao Executivo.[108]

EMENTA: AGRAVO REGIMENTAL NO RECURSO EXTRA-ORDINÁRIO. TRIBUTÁRIO. IPVA. VEÍCULO IMPORTADO. ALÍQUOTA DIFERENCIADA.
1. Não se admite a alíquota diferenciada de IPVA para veículos importados e os de procedência nacional. 2. O tratamento desigual significaria uma nova tributação pelo fato gerador da importação. Precedentes. Agravo regimental a que se nega provimento.[109]

Contribuinte

O contribuinte do IPVA é aquele que detém a propriedade do veículo na época da ocorrência do fato gerador. O CTN, em seu art. 121,[110] expõe que é sujeito passivo da obrigação principal a pessoa obrigada ao pagamento do tributo ou penalidade pecuniária, podendo essa responsabilidade ser imputada ao contribuinte ou responsável.

Conforme lição de Paulo Roberto Coimbra Silva,[111]

Por essa razão, o art. 121, parágrafo único do CTN erige duas diferentes espécies de sujeito passivo da obrigação tributária,

[108] BRASIL. Supremo Tribunal Federal. Primeira Turma. RE nº 424. 991 AgR/MG. Relator: ministro Marco Aurélio. Julgamento em 13 de setembro de 2011. *DJe*, 14 out. 2011.
[109] BRASIL. Supremo Tribunal Federal. Segunda Turma. RE nº 367.785 AgR/RJ. Relator: ministro Eros Grau. Julgamento em 9 de maio de 2006. *DJ*, 2 jun. 2006.
[110] CTN: "Art. 121. Sujeito passivo da obrigação principal é a pessoa obrigada ao pagamento de tributo ou penalidade pecuniária. Parágrafo único. O sujeito passivo da obrigação principal diz-se: I - contribuinte, quando tenha relação pessoal e direta com a situação que constitua o respectivo fato gerador; II - responsável, quando, sem revestir a condição de contribuinte, sua obrigação decorra de disposição expressa de lei".
[111] SILVA, Paulo Roberto Coimbra. IPVA: critério subjetivo de seu comando normativo. In: MARTINS, Ives Gandra da Silva; BRITO, Edvaldo (Org.). *Doutrinas essenciais do direito tributário*. São Paulo: Revista dos Tribunais, 2011. v. IV, p. 1091.

a saber, contribuinte ou responsável. O sujeito passivo é designado por *contribuinte* quando participa, ele próprio, do evento perfeitamente enquadrável no aspecto material da hipótese de incidência da norma tributária, e por *responsável* quando, a despeito de não participar pessoal e diretamente do fato gerador da obrigação tributária, tem com ele algum vínculo econômico que permite ao legislador imputar-lhe o ônus legal de satisfazer o crédito tributário em prol do sujeito ativo.

Nos casos em que os veículos adquiridos não tiverem os impostos sobre eles incidentes pagos até a data da aquisição, ficará o adquirente responsável pelo pagamento do tributo em análise, conforme o art. 131, I, do CTN:

> Art. 131. São pessoalmente responsáveis:
> I - o adquirente ou remitente, pelos tributos relativos aos bens adquiridos ou remidos; (Redação dada pelo Decreto-Lei nº 28, de 14/11/1966)

Isso porque a responsabilidade, que num primeiro momento existia para o contribuinte por conta da alienação do veículo, é transferida para o adquirente que, sendo o novo proprietário, se torna responsável tributário.

Já com relação à posse[112] do responsável, o mesmo código estabelece:

---

[112] "PROCESSO CIVIL E TRIBUTÁRIO. IMPOSTO SOBRE A PROPRIEDADE DE VEÍCULO AUTOMOTOR – IPVA. CONTRATO DE ARRENDAMENTO MERCANTIL. ARRENDANTE. RESPONSABILIDADE PELO PAGAMENTO DO TRIBUTO. ART. 1º, §§ 7º E 8º, DA LEI 7.431/1985. I. Originariamente, cuida-se de Embargos à Execução Fiscal manejados pela ora Recorrente em face do Distrito Federal, em que destacou sua ausência de legitimidade passiva para figurar como parte no processo de Execução Fiscal, atribuindo-a ao arrendatário de veículo automotor, por decorrência das disposições legais pertinentes e do contrato de arrendamento mercantil anteriormente celebrado. II. No tocante à solidariedade, *in casu*, entre arrendante e arrendatário, ao pagamento do IPVA, verifica-se que a figura do arrendante equivale a de possuidor indireto do veículo, posto ser-lhe possível reavê-lo em face de eventual inadimplemento, uma vez que somente

Art. 128. Sem prejuízo do disposto neste capítulo, a lei pode atribuir de modo expresso a responsabilidade pelo crédito tributário a terceira pessoa, vinculada ao fato gerador da respectiva obrigação, excluindo a responsabilidade do contribuinte ou atribuindo-a a este em caráter supletivo do cumprimento total ou parcial da referida obrigação.

Sobre a questão da posse, a jurisprudência[113] tem consolidado seu entendimento com base na aplicação do parágrafo único do art. 130 do CTN:

Art. 130. Os créditos tributários relativos a impostos cujo fato gerador seja a propriedade, o domínio útil ou a posse de bens

---

com a tradição definitiva poderia ser afastado o seu direito real alusivo à propriedade, ou não haveria razão para a cláusula 'com reserva de domínio', que garante exatamente o seu direito real. III. Nesse contexto, não se deve confundir contribuinte do tributo com responsável pelo pagamento, uma vez que a segunda figura, notadamente quando se relaciona com o instituto da solidariedade, apenas reforça a proteção ao crédito tributário, viabilizando sua realização para o Erário Público. IV. Outrossim, perceba-se que o inciso III do § 8º da Lei nº 7.431/1985 prevê solidariedade entre o alienante e o adquirente, nos casos em que aquele não providencia a comunicação da alienação ao órgão público encarregado do registro do veículo. Em outras palavras, se até mesmo no contrato de compra e venda direta, que importa na sua conclusão em transferência da propriedade, há a possibilidade de o Estado buscar a satisfação do crédito tributário diretamente do alienante desidioso, pode a solidariedade alcançar aqueles que ostentam a qualidade de possuidor indireto, equivalente, *in casu*, à expressão 'titular do domínio', para fins de responsabilização pelo pagamento do tributo. A *ratio essendi* das disposições legais antes transcritas, portanto, não afastam, mas ao contrário, impõem a solidariedade quanto ao pagamento do IPVA. V. Recurso Especial improvido" (BRASIL. Superior Tribunal de Justiça. Primeira Turma. REsp nº 868.246/DF. Relator: ministro Francisco Falcão. Julgamento em 28 de novembro de 2006. *DJ*, 18 dez. 2006).
[113] "TRIBUTÁRIO – ARREMATAÇÃO JUDICIAL DE VEÍCULO – DÉBITO DE IPVA – RESPONSABILIDADE TRIBUTÁRIA – CTN, ART. 130, PARÁGRAFO ÚNICO. 1. A arrematação de bem em hasta pública é considerada como aquisição originária, inexistindo relação jurídica entre o arrematante e o anterior proprietário do bem. 2. Os débitos anteriores à arrematação sub-rogam-se no preço da hasta. Aplicação do artigo 130, parágrafo único do CTN, em interpretação que se estende aos bens móveis e semoventes. 3. Por falta de prequestionamento, não se pode examinar a alegada violação ao disposto no art. 131, § 2º, da Lei nº 9.503/1997 (Código de Trânsito Brasileiro). 4. Recurso especial conhecido em parte e, nessa parte, não provido" (BRASIL. Superior Tribunal de Justiça. Segunda Turma. REsp nº 807.455/RS. Relator: ministra Eliana Calmon. Julgamento em 28 de novembro de 2008. *DJe*, 21 nov. 2008).

imóveis, e bem assim os relativos a taxas pela prestação de serviços referentes a tais bens, ou a contribuições de melhoria, sub-rogam-se na pessoa dos respectivos adquirentes, salvo quando conste do título a prova de sua quitação.

Parágrafo único. No caso de arrematação em hasta pública, a sub-rogação ocorre sobre o respectivo preço.

Vale observar que houve uma alteração na lei do IPVA no Rio de Janeiro (Lei nº 2.877/1997), dada pela Lei nº 6.570/2013, nos seguintes termos:

Art. 13. Na perda total por sinistro, roubo ou furto, apropriação indébita, estelionato, ou qualquer outro delito que resulte a privação do direito de propriedade, quando o contribuinte não houver pago o IPVA, o imposto é devido por duodécimo ou fração, contado até a data da ocorrência.

Parágrafo único. Advindas a recuperação e a liberação do veículo, o imposto será devido:

I - por duodécimos correspondentes ao período que faltar para o encerramento do exercício, quando a perda ocorrer em exercício anterior ao da liberação;

II - por duodécimos correspondentes ao período em que o veículo estiver na posse do proprietário, quando a perda e a liberação ocorrerem no mesmo exercício.

Art. 13-A. Na perda total por sinistro, roubo ou furto, apropriação indébita, estelionato, ou qualquer outro delito que resulte a privação do direito de propriedade, o imposto pago será restituído proporcionalmente, excluindo-se o mês da ocorrência, a critério do contribuinte, nos termos seguintes:

I - mediante a compensação do crédito tributário no pagamento de novo IPVA, seja no mesmo exercício ou no seguinte, na aquisição de outro veículo pelo contribuinte; ou,

II - mediante a restituição do valor pago, no exercício seguinte à ocorrência do delito ou sinistro.

Parágrafo único. O contribuinte somente fará jus ao crédito tributário previsto no *caput* deste artigo se fizer o registro de ocorrência do sinistro perante a autoridade policial competente.

Com essa modificação, inclui-se na lei a possibilidade de restituição de parte do valor pago nos casos listados. Anteriormente, o imposto era devido somente em parte ou fração no caso de a perda ocorrer antes do pagamento, sem possibilidade de restituição no caso de a perda ser posterior ao pagamento do tributo.

Lançamento

As modalidades de lançamento do IPVA estão previstas no CTN, e, segundo este *codex*, pode ser feito por declaração, de ofício e por homologação.

O entendimento jurisprudencial é que o IPVA é lançado de ofício.[114] Contudo, o art. 142 do CTN dispõe sobre a necessidade de uma notificação[115] para tal:

---

[114] "PROCESSUAL CIVIL E TRIBUTÁRIO. EXECUÇÃO FISCAL. TRIBUTO SUJEITO A LANÇAMENTO DE OFÍCIO. IPVA. PRESCRIÇÃO. TERMO INICIAL. DATA DA NOTIFICAÇÃO DO CONTRIBUINTE. HONORÁRIOS ADVOCATÍCIOS. MATÉRIA DE FATO. INCIDÊNCIA DA SÚMULA 7/STJ. 1. É pacífica a jurisprudência desta Corte no sentido de que, "*o IPVA é tributo sujeito a lançamento de ofício. E, como tal, o termo a quo para a contagem do prazo prescricional para sua cobrança é a data da notificação para o pagamento*" (REsp nº 1.069.657/PR. Relator: ministro Benedito Gonçalves, Primeira Turma, *DJe*, 30 mar. 2009). 2. A jurisprudência desta Corte orienta-se no sentido de que, em regra, não se mostra possível em recurso especial a revisão do valor fixado a título de honorários advocatícios, pois tal providência exige novo exame do contexto fático-probatório constante dos autos, o que é vedado pela Súmula 7/STJ. 3. Agravo regimental a que se nega provimento" (BRASIL. Superior Tribunal de Justiça. Primeira Turma. AgRg no AREsp nº 406.111/RJ. Relator: ministro Sérgio Kukina. Julgamento em 25 de novembro de 2014. *DJe*, 1º dez. 2014, grifo no original).

[115] "PROCESSUAL CIVIL E TRIBUTÁRIO. EXECUÇÃO FISCAL. LANÇAMENTO DE OFÍCIO. IPVA. TERMO A QUO. NOTIFICAÇÃO. ANÁLISE DA LEGISLAÇÃO ESTADUAL. SÚMULA 280/STF. 1. Nos tributos sujeitos a lançamento de ofício, como

Art. 142. Compete privativamente à autoridade administrativa constituir o crédito tributário pelo lançamento, assim entendido o procedimento administrativo tendente a verificar a ocorrência do fato gerador da obrigação correspondente, determinar a matéria tributável, calcular o montante do tributo devido, identificar o sujeito passivo e, sendo caso, propor a aplicação da penalidade cabível.

Parágrafo único. A atividade administrativa de lançamento é vinculada e obrigatória, sob pena de responsabilidade funcional.

Os seguintes artigos do CTB versam sobre o pagamento e o licenciamento do IPVA:

Art. 130. Todo veículo automotor, elétrico, articulado, reboque ou semirreboque, para transitar na via, deverá ser licenciado anualmente pelo órgão executivo de trânsito do estado, ou do Distrito Federal, onde estiver registrado o veículo.

§ 1º. O disposto neste artigo não se aplica a veículo de uso bélico.

§ 2º. No caso de transferência de residência ou domicílio, é válido, durante o exercício, o licenciamento de origem.

Art. 131. O Certificado de Licenciamento Anual será expedido ao veículo licenciado, vinculado ao Certificado de Registro, no modelo e especificações estabelecidos pelo CONTRAN.

no caso do IPVA, a constituição do crédito tributário perfectibiliza-se com a notificação ao sujeito passivo, iniciando, a partir desta, o termo *a quo* para a contagem do prazo prescricional quinquenal para a execução fiscal. 2. *In casu*, constato que o Tribunal de origem consignou pela prescrição dos créditos relativos ao exercício de 2004 e 2005 baseando-se no Decreto-Estadual 2.993/89, que determina que o número final da placa do veículo corresponde ao mês em que o tributo deve ser pago. Dessa forma, não se pode analisar o argumento do recorrente, tendo em vista que o exame da questão depende da interpretação de lei local incidindo, por analogia, o óbice da Súmula 280/STF. 3. Agravo Regimental não provido" (BRASIL. Superior Tribunal de Justiça. Segunda Turma. AgRg no REsp nº 1.481.058/SC. Relator: ministro Herman Benjamin. Julgamento em 2 de dezembro de 2014. *DJe*, 9 dez. 2014).

§ 1º. O primeiro licenciamento será feito simultaneamente ao registro.

§ 2º. O veículo somente será considerado licenciado estando quitados os débitos relativos a tributos, encargos e multas de trânsito e ambientais, vinculados ao veículo, independentemente da responsabilidade pelas infrações cometidas.

§ 3º. Ao licenciar o veículo, o proprietário deverá comprovar sua aprovação nas inspeções de segurança veicular e de controle de emissões de gases poluentes e de ruído, conforme disposto no art. 104.

Art. 133. É obrigatório o porte do Certificado de Licenciamento Anual.

Art. 262. O veículo apreendido em decorrência de penalidade aplicada será recolhido ao depósito e nele permanecerá sob custódia e responsabilidade do órgão ou entidade apreendedora, com ônus para o seu proprietário, pelo prazo de até trinta dias, conforme critério a ser estabelecido pelo CONTRAN.

§ 1º. No caso de infração em que seja aplicável a penalidade de apreensão do veículo, o agente de trânsito deverá, desde logo, adotar a medida administrativa de recolhimento do Certificado de Licenciamento Anual.

§ 2º. A restituição dos veículos apreendidos só ocorrerá mediante o prévio pagamento das multas impostas, taxas e despesas com remoção e estada, além de outros encargos previstos na legislação específica.

§ 3º. A retirada dos veículos apreendidos é condicionada, ainda, ao reparo de qualquer componente ou equipamento obrigatório que não esteja em perfeito estado de funcionamento.

§ 4º. Se o reparo referido no parágrafo anterior demandar providência que não possa ser tomada no depósito, a autoridade responsável pela apreensão liberará o veículo para reparo, mediante autorização, assinando prazo para a sua reapresentação e vistoria.

Art. 271. O veículo será removido, nos casos previstos neste Código, para o depósito fixado pelo órgão ou entidade competente, com circunscrição sobre a via.

Parágrafo único. A restituição dos veículos removidos só ocorrerá mediante o pagamento das multas, taxas e despesas com remoção e estada, além de outros encargos previstos na legislação específica.

Questões de automonitoramento

1) Após ler o material, defina o conceito de contribuinte para fins de tributação do imposto sobre a propriedade de veículos automotores.

2) Discorra sobre o que constitui fato gerador do IPVA e suas respectivas bases de cálculo. Esse conceito é cabível nos casos geradores apresentados no capítulo 7?

3) Aplica-se a responsabilidade solidária aos casos geradores apresentados no capítulo 7?

4) No contexto do caso 2, Antônio é o legítimo contribuinte do IPVA do veículo que adquiriu? Por quê?

5) Após estudar o material, como você descreveria a questão da propriedade de veículos automotores?

6) Você é capaz de identificar a legitimidade para a edição de normas referentes ao IPVA em todos os seus aspectos?

5 Imposto sobre transmissão *causa mortis* e por doação de quaisquer bens e direitos (ITD)

Roteiro de estudo

Introdução

O imposto sobre transmissão *causa mortis* e por doação de quaisquer bens e direitos (ITD, também conhecido como ITCMD, ITCDM ou ITCD) tem origem remota e se reporta ao antigo Egito, sendo possível identificá-lo também no direito romano, em que se cobrava a vigésima sobre herança ou legado (*vicesima hereditarum*). No Brasil, tal exação foi criada em 1867, pela Lei nº 1.507 e, desde então, permaneceu no cenário do Sistema Tributário Nacional (STN)

A rigor, as transmissões de quaisquer bens e direitos realizadas por atos *inter vivos* ou em virtude de *causa mortis* eram tributadas por um único imposto, de competência estadual, previsto nas cartas magnas de 1891 a 1967.

Ocorre que, com a Constituição da República de 1988 (CRFB/1988), houve a cisão do referido imposto entre entes federados, de modo que aos municípios ficou reservada a competência para tributar as transmissões de bens *inter vivos*, e para os estados e Distrito Federal se preservou apenas a possibilidade de tributarem as transmissões *causa mortis* e doação.

Ao comentar a alteração de competência para instituição do ITCMD, José Jayme de Macedo Oliveira destaca que duas características distinguem esse novo perfil conferido pela CRFB/1988 ao imposto estadual em comento:

> (a) o campo de incidência não se restringe mais aos bens imóveis, abrangendo quaisquer bens ou direitos havidos por sucessão *causa mortis*; (b) inseriu-se aí a "doação", com o intuito evidente de dispensar-lhe tratamento tributário semelhante, pois as transmissões havidas de uma ou de outra maneira ensejam aumento não oneroso do patrimônio dos beneficiários (herdeiros e donatários).[116]

Pois bem, o Texto Fundamental em vigor prevê o imposto sobre transmissão *causa mortis* e doação em seu art. 155, I e § 1º, conferindo, como já mencionado, aos estados e ao Distrito Federal a competência para tributar as operações realizadas *dentro do seu território*, *verbis*:

> Art. 155. Compete aos Estados e ao Distrito Federal instituir impostos sobre:
>
> I - transmissão *causa mortis* e doação, de quaisquer bens ou direitos;
>
> [...]
>
> § 1º. O imposto previsto no inciso I:
>
> I - relativamente a bens imóveis e respectivos direitos, compete ao Estado da situação do bem, ou ao Distrito Federal;

[116] OLIVEIRA, José Jayme de Macedo. Impostos estaduais. In: GOMES, Marcus Lívio; ANTONELLI, Leonardo Pietro (Coord.). *Curso de direito tributário brasileiro*. São Paulo: Quartier Latin, 2005. v. 2, p. 42.

II - relativamente a bens móveis, títulos e créditos, compete ao Estado onde se processar o inventário ou arrolamento, ou tiver domicílio o doador, ou ao Distrito Federal;

III - terá competência para sua instituição regulada por lei complementar:

a) se o doador tiver domicílio ou residência no exterior;

b) se o *de cujus* possuía bens, era residente ou domiciliado ou teve o seu inventário processado no exterior;

IV - terá suas alíquotas máximas fixadas pelo Senado Federal;

[...]

É relevante destacar que o Código Tributário Nacional (CTN) – porque foi editado em 1966, quando inexistia a previsão constitucional – não regula as transmissões de bens e direitos móveis. Dessa maneira, na legislação estadual e na distrital é que estarão estabelecidas as regras atinentes à estrutura e regulamentação do ITCMD, por força do art. 34, §§ 3º e 4º, do ADCT, c/c art. 24 da CRFB/1988.[117]

De toda forma, há de se realizar a leitura das normas remanescentes no CTN que tratam do tema, inclusive para verificar se teriam sido ou não recepcionadas pela CRFB/1988. O art. 35, *caput*, do CTN apresenta redação desatualizada, reclamando interpretação conforme o disposto pelo art. 155, I, e pelo art. 156, II, ambos da CRFB/1988, permanecendo hígido, no entanto, o parágrafo único do mencionado art. 35 do CTN.

Já o art. 36 do CTN cuida do imposto sobre transmissão de bens *inter vivos* e se encontra derrogado pelo que dispõe o art. 155, § 2º, da CRFB/1988, sendo que o art. 37 do CTN, embora recepcionado, também trata exclusivamente do ITBI.

---

[117] No âmbito do estado do Rio de Janeiro, o ITCMD é regido pela Lei nº 1.427, de 13 de fevereiro de 1989.

Como veremos adiante, os arts. 38, 39 e 42 do CTN permanecem sendo aplicáveis ao ITCMD, enquanto o art. 40 faz referência à norma inexistente no bojo da CRFB/1988 e o art. 41 do CTN perdeu efeito, haja vista o disposto no art. 155, § 1º, da Constituição em vigor.

Analisando-se as principais características do imposto sobre transmissão *causa mortis* e por doação, Claudio Carneiro[118] salienta que se trata de um imposto (1) fiscal, cuja finalidade principal é meramente arrecadatória; (2) direto, porquanto o ônus econômico recai diretamente sobre aquele que pratica o fato gerador; (3) real, já que considera aspectos objetivos da matéria tributável; (4) proporcional, pois suas alíquotas são fixas, variando o *quantum debeatur* em razão apenas do aumento da base de cálculo; (5) não vinculado, na forma do art. 16 do CTN e (6) de incidência monofásica.

Materialidade

O fato gerador do ITCMD está previsto na conjugação do referido art. 155, I e § 1º, da CRFB/1988 com o art. 35, parágrafo único do CTN[119] e se configura com a transmissão[120] de propriedade de quaisquer bens (ex.: bens imóveis ou móveis – veículos, ações, dinheiro) ou transmissão (cessão) de direitos, desde que (1) em decorrência de falecimento de seu titular – sucessão legítima ou testamentária; ou (2) por doação. Sobre a materialidade do ITCMD, Anis Kfouri Jr. salienta que,

---

[118] CARNEIRO, Claudio. *Impostos federais, estaduais e municipais*. 3. ed. Rio de Janeiro: Lumen Juris, 2012. p. 146.

[119] Recepcionado pela Constituição da República de 1988, conforme a doutrina majoritária.

[120] "A transmissão é a passagem jurídica da propriedade ou de bens e direitos de uma pessoa para outra. Ocorre em caráter não oneroso, seja pela ocorrência da morte (transmissão *causa mortis*), ou ainda doação (ato de liberalidade)" (SABBAG, Eduardo. *Manual de direito tributário*. 4. ed. São Paulo: Saraiva, 2012. p. 1091).

no caso das doações, o fato gerador ocorre quando esta se aperfeiçoar e nos casos de falecimento, quando for aberta a sucessão, sendo contribuintes os herdeiros ou legatários (na transmissão *causa mortis*); o fiduciário (no fideicomisso); o donatário (na doação); o cessionário (na cessão de herança ou de bem ou direito a título não oneroso).[121]

O art. 184, § 5º, da CRFB/1988 prevê que são imunes ao ITCMD as operações de transferência de imóveis desapropriados para fins de reforma agrária, assim como se aplica a tal exação a limitação constitucional da imunidade recíproca (art. 150, VI, "a", da CRFB/1988), considerando que o ITCMD incide sobre o patrimônio.

Note-se que, com relação à não incidência de tal imposto, como bem esclarece Claudio Carneiro,

> o ITCMD não incide sobre os bens considerados imóveis por ficção legal (navios e aeronaves), nem sobre direitos reais de garantia como penhor, anticrese, hipoteca e alienação fiduciária em garantia, nem sobre servidões, pois eles implicam a transmissão da titularidade. Isto ocorre porque os conceitos de propriedade, bem imóvel e respectivos direitos, bens móveis, etc. são conferidos pelo direito privado, não podendo ser alterados pela lei tributária estadual, conforme dispõe o art. 110 do CTN.[122]

São contribuintes do imposto sobre transmissão *causa mortis* e por doação quaisquer das partes na operação tributada, como dispuser a lei de regência do ITCMD de cada ente tributante (art. 42 do CTN).

---

[121] KFOURI JR., Anis. *Curso de direito tributário*. São Paulo: Saraiva, 2010. p. 336.
[122] Ibid., p. 163.

Deve-se notar que o parágrafo único do art. 35 do CTN prevê que nas transmissões *causa mortis* ocorrem tantos fatos geradores distintos quantos sejam os herdeiros ou legatários. Da mesma forma, o verbete nº 331 da Súmula do Supremo Tribunal Federal preceitua que é legítima a incidência do imposto sobre transmissão *causa mortis* no inventário por morte presumida.

O lançamento do tributo em referência é realizado, na maior parte das vezes, na modalidade de lançamento *por declaração* (art. 147 do CTN). No lançamento por declaração, as informações prestadas pelo sujeito passivo ou terceiro legalmente obrigado dão suporte ao lançamento, que será efetuado pela autoridade administrativa – o contribuinte toma a iniciativa do procedimento. Luciano Amaro leciona, ao analisar as especificidades da declaração prestada pelo contribuinte, que esta

> destina-se a registrar os *dados fáticos* que, de acordo com a lei do tributo, sejam relevantes para a consecução, pela autoridade administrativa, do ato de lançamento. Se o declarante indicar fatos verdadeiros, e não omitir fatos que deva declarar, a autoridade administrativa terá todos os elementos necessários à efetivação do lançamento.[123]

Os atos relacionados a esse tipo de lançamento podem ser divididos em três fases distintas. Na primeira fase, o sujeito passivo, ou terceiro legalmente obrigado, presta informações fiscais; na segunda, a autoridade administrativa lança; e, finalmente, o contribuinte paga, ou não, o tributo devido.

Existe uma presunção *iuris tantum* de veracidade quanto às informações fiscais prestadas pelo sujeito passivo ou terceiro

---

[123] AMARO, Luciano. *Direito tributário brasileiro*. 12. ed. São Paulo: Saraiva, 2006. p. 358, grifo nosso.

legalmente obrigado. No entanto, se os valores dos bens ou direitos não corresponderem às declarações ou esclarecimentos prestados (omissão ou erro na escrita), a autoridade lançadora arbitrará aquele valor (art. 148 do CTN).

Ainda sobre o tema do lançamento, verifica-se que o art. 142 do CTN estabelece que o ato de lançamento é atividade privativa da *autoridade administrativa*. Contudo, o lançamento do imposto sobre a transmissão *causa mortis* pode ser realizado pela autoridade judicial nos processos de inventário. Estaríamos diante de uma exceção a tal preceito normativo? Não.

Os poderes Legislativo, Executivo e Judiciário desempenham suas atividades típicas – legislar, administrar e julgar, respectivamente. No entanto, excepcionalmente, podem desempenhar atividades atípicas (integrantes da órbita de competência de um dos outros poderes). É o que ocorre no caso do lançamento do imposto sobre transmissão *causa mortis*, em que o Poder Judiciário (autoridade judicial), ao lançá-lo, desempenha papel típico do Poder Executivo (autoridade administrativa).

A base de cálculo do ITCMD está prevista no art. 38 do CTN – também recepcionado pela CRFB/1988 – e se considera o valor venal dos bens transmitidos ou cedidos. É o valor de mercado, sendo irrelevante o preço de venda constante da escritura. Será o preço de venda, à vista, em condições normais de mercado.[124] No caso de direitos, será utilizado como base de cálculo o próprio valor dos direitos doados ou transmitidos via inventário.[125]

---

[124] Sobre o assunto, ver: BRASIL. Supremo Tribunal Federal. Súmula nº 113: "O imposto de transmissão 'causa mortis' é calculado sobre o valor dos bens na data da avaliação". STF. Súmula nº 590: "Calcula-se o imposto de transmissão 'causa mortis' sobre o saldo credor da promessa de compra e venda de imóvel, no momento da abertura da sucessão do promitente vendedor".

[125] Vale destacar que, se não concordar com o valor declarado, o fisco poderá lançar por arbitramento.

As alíquotas do ITCMD, consoante o inciso IV do § 1º do art. 155 da CRFB/1988, são fixadas pelo Senado Federal, hoje previstas na Resolução nº 9/1992 daquele órgão e que assim dispõe:

> Art. 1º. A alíquota máxima do Imposto de que trata a alínea "a", inciso I, do art. 155 da Constituição Federal será de oito por cento, a partir de 1º de janeiro de 1992.

> Art. 2º. As alíquotas dos Impostos, fixados em lei estadual, poderão ser progressivas em função do quinhão que cada herdeiro efetivamente receber nos termos da Constituição Federal.

De fato, respeitado o teto fixado pelo Senado Federal, cada estado e o DF têm suas alíquotas, geralmente em torno de 2% a 4%. Em termos econômicos, isso representa uma carga tributária alta, pois incide sobre o total da herança e muitas vezes o espólio não deixou dinheiro líquido, o que exige a requisição – pelo inventariante – de alvará judicial para alienação de parte do patrimônio/quinhão, com o fito de adimplir o imposto incidente.

No que tange ao aspecto temporal do ITCMD, o fato gerador ocorre no momento da transmissão ou naquele estabelecido pela lei ordinária estadual competente[126] (art. 35 do CTN), sendo que, para fins da transmissão na modalidade *causa mortis*, o fato gerador se dará na data da abertura da sucessão (data do evento morte),[127] conforme o disposto no art. 1.784 c/c

---

[126] Destaque-se que, conforme o art. 155, § 1º, III, da CRFB/1988, caberá a lei complementar dispor sobre as seguintes situações: "a) se o doador tiver domicílio ou residência no exterior; b) se o *de cujus* possuía bens, era residente ou domiciliado ou teve o seu inventário processado no exterior".

[127] A morte determina o fim da pessoa natural, na forma do art. 6º do CC, de maneira que desde o óbito opera-se a transmissão da herança, constituindo, pois, a transmissão *causa mortis*.

art. 1.785, ambos do Código Civil (CC),[128] c/c Súmula nº 112 do STF.[129]

Com relação ao aspecto espacial do imposto sobre transmissão *causa mortis* e doação (art. 155, § 1º, I e II, da CRFB/1988), verifica-se que quando se estiver diante de transmissão de bens imóveis e respectivos direitos, o tributo será devido no estado da situação do bem, ao passo que em se tratando de bens móveis, títulos e créditos, o local de ocorrência do fato gerador será o estado (ou o DF) onde se processar o inventário ou arrolamento, ou tiver domicílio o doador.

Uma vez realizada a transmissão, o ITCMD que se referir à modalidade *causa mortis* é devido a partir da decisão que homologar judicialmente a avaliação dos bens, na forma do que preceitua o art. 1.013, § 2º, c/c art. 1.026, ambos do Código de Processo Civil (CPC), c/c art. 192 do CTN, c/c Súmula nº 114 do STF.[130]

Leandro Paulsen e José Eduardo Soares de Melo lecionam, sobre o tema, que:

> A Súmula nº 114 do STF que dispõe que "o imposto de transmissão *causa mortis* não é exigível antes da homologação do cálculo" continua válida.
>
> A homologação judicial da avaliação constitui ato imprescindível para a fixação do valor do bem ou direito, objeto da transmissão hereditária, como elemento integrante e necessário para a apuração e quitação do imposto.
>
> Compreende o julgamento do cálculo do imposto (art. 1.013, p. 2. do CPC), sendo preceituado (art. 1.026 do CPC)

---

[128] CC/2002: "Art. 1.784. Aberta a sucessão, a herança transmite-se, desde logo, aos herdeiros legítimos e testamentários. [...] Art. 1.785. A sucessão abre-se no lugar do último domicílio do falecido".

[129] BRASIL. Supremo Tribunal Federal. Súmula nº 112: "O imposto de transmissão 'causa mortis' é devido pela alíquota vigente ao tempo da abertura da sucessão".

[130] BRASIL. Supremo Tribunal Federal. Súmula nº 114: "O imposto de transmissão 'causa mortis' não é exigível antes da homologação do cálculo".

que, pago o imposto de transmissão, a título de morte, e junta-da aos autos a certidão ou informação negativa de dívida para com a Fazenda Pública, o juiz julgará por sentença a partilha.

O CTN (art. 192) estabelece que nenhuma sentença de julgamento de partilha, ou adjudicação, será proferida sem prova da quitação de todos os tributos relativos aos bens do espólio, ou às suas rendas.

Por conseguinte, resulta o entendimento de que somente após o trânsito em julgado da homologação do cálculo do imposto é que poderá ser exigido o pagamento do imposto.[131]

Assim, existe um prazo, para o recolhimento do tributo, que se contará a partir do dia da decisão homologatória do cálculo, e que será de 30 dias, não podendo ultrapassar 180 dias a contar da abertura da sucessão (casos de arrolamento ou inventário).

Já no caso da transmissão por doação, é necessária a ocorrência da mudança (jurídica) da titularidade do bem ou direito, aplicando-se os conceitos de direito privado, consoante o art. 538 do CC, no sentido de considerar-se doação o contrato em que uma pessoa, por liberalidade, transfere do seu patrimônio bens ou vantagens para outra.

Cuidando-se de doação de bens imóveis, o fato gerador do tributo em tela apenas ocorrerá no momento da efetiva transcrição da operação no registro geral de imóveis. Quando a doação tiver por objeto bens móveis ou direitos, segundo Leandro Paulsen e José Eduardo Soares de Melo,

> somente poderá ser considerada a transmissão mediante sua tradição (física, escritural etc.); se for o caso, com o respectivo registro (veículos no Departamento de Trânsito, Capitania

[131] PAULSEN, Leandro; MELO, José Eduardo Soares de. *Impostos federais, estaduais e municipais*. 5. ed. rev. e atual. Porto Alegre: Livraria do Advogado, 2009. p. 208.

dos Portos; quotas de capital ou ações, na Junta Comercial ou Registro de Títulos e Documentos).

Também caracterizam doação a liberação de dívida, gastos por conta de outra pessoa e liberação do devedor resultante de prescrição.[132]

Apreciados os contornos gerais e características do imposto sobre transmissão *causa mortis* e doação, passemos a abordar algumas controvérsias que giram em torno de tal exação.

Algumas questões controvertidas

O fideicomisso

O art. 1.951 do CC prevê que o testador pode instituir herdeiros ou legatários, estabelecendo que, por ocasião de sua morte, a herança ou o legado se transmita ao fiduciário, resolvendo-se o direito deste, por sua morte, a certo tempo ou sob certa condição, em favor de outrem, que se qualifica como fideicomissário.

Assim, verifica-se a ocorrência de duas operações de transmissão: (1) do testador para o fiduciário e (2) do fiduciário para o fideicomissário e, em regra, as normas estaduais que regulam o ITCMD o fazem incidir sobre ambas as operações. Contudo, essa opção do legislador estadual é repudiada pelo STJ, como se pode depreender do julgado a seguir colacionado:

> TRIBUTÁRIO. RECURSO ESPECIAL. EXTINÇÃO DE FIDEI-COMISSO. IMPOSTO SOBRE TRANSMISSÃO E DOAÇÃO *CAUSA MORTIS* – ITD. DESCABIMENTO. INEXISTÊNCIA DE

[132] Ibid., p. 208.

OPERAÇÃO TRIBUTÁVEL. IMPOSSIBILIDADE DE BITRIBU-
TAÇÃO. PRECEDENTE. RECURSO ESPECIAL CONHECIDO
E NÃO PROVIDO.

I. Cuida-se de recurso especial fundado na alínea "a" do permissivo constitucional, manejado pelo Estado do Rio de Janeiro, contra acórdão que, ratificando a sentença, declarou inexigível o imposto de transmissão sobre a extinção de fideicomisso, sob o entendimento de que o único ato de transmissão se verificou na instituição do fideicomisso, operação já tributada, conforme entendimento jurisprudencial indicado. Em recurso especial, afirma o Estado do Rio de Janeiro que no fideicomisso existem duas transmissões, a do testador para o fiduciário e a do fiduciário para o fideicomissário, motivo por que deve incidir, também na segunda hipótese, o imposto sobre transmissão, tal como pleiteado. Nessa ótica, apontam-se violados os arts. 535 do CPC e 1.733 do Código Civil de 1916.

II. O reclamo, todavia, não merece amparo, *porquanto o acórdão recorrido está em absoluta sintonia com a jurisprudência deste Superior Tribunal de Justiça, que proclama incorrer a incidência tributária pretendida pela Fazenda Pública, dado que na instituição do fideicomisso já se operou de forma regular a aplicação do imposto de transmissão. Impede-se, de tal maneira, a ilegal ocorrência de bitributação. Precedente: REsp 606.133/RJ, DJ 11/04/2005, de minha relatoria.*

III. *Não é devido o imposto de doação sobre extinção de fideicomisso, sob pena de ocorrência de bitributação, uma vez que, ao ser extinto o fideicomisso não há transmissão de propriedade.*

IV. Inexistência de previsão legal para a imposição do tributo. Princípio da legalidade.

V. Recurso especial conhecido e não provido.[133]

---

[133] BRASIL. Superior Tribunal de Justiça. Primeira Turma. REsp nº 1.004.707/RJ. Relator: ministro José Delgado. Julgamento em 27 de maio de 2008. *DJe*, 23 jun. 2008, grifo nosso.

Outra questão deveras interessante acerca do fideicomisso diz respeito aos casos em que há renúncia à herança ou quando o fideicomissário morre antes do fiduciário.

Quando o fideicomissário renuncia à herança – como a propriedade se consolida na figura do fiduciário –, em tese, caberia a incidência do ITCMD, mas as legislações estaduais, via de regra, isentam tal hipótese da exação. Já na situação em que o fiduciário renuncia ou morre antes do fideicomissário, extingue-se o fideicomisso e, portanto, não há que se falar de incidência sobre a transmissão.[134]

Renúncia abdicativa e renúncia translativa

Caso haja renúncia à herança ou legado, inexiste transferência de direito e, então, não se materializa a hipótese de incidência do ITCMD, desde que a referida renúncia se dê *sem ressalva e em benefício do monte* e, ainda, que o renunciante (herdeiro ou legatário) não tenha praticado qualquer ato que denuncie sua intenção de vir a aceitar a herança. Essa renúncia se diz *renúncia abdicativa*.

No entanto, em se cuidando de *renúncia translativa* – em que o herdeiro ou legatário renuncia em favor de pessoa determinada –, haverá transmissão de direitos, ou seja, incidirá o imposto pela transmissão *causa mortis* quando da aceitação da herança e nova incidência do ITCMD, no momento da doação, caso esta se dê de forma gratuita, porquanto, se houver onerosidade no ato, o imposto incidente será o ITBI.

---

[134] Nesse sentido é o entendimento pretoriano do Superior Tribunal de Justiça. Ver: BRASIL. Supremo Tribunal de Justiça. Primeira Turma. REsp nº 606.133/RJ. Relator: ministro José Delgado. Julgamento em 8 de março de 2005. *DJ*, 11 abr. 2005.

Progressividade das alíquotas do ITCMD

A controvérsia acerca da possibilidade de o ente tributante estabelecer alíquotas progressivas na incidência do ITCMD teve sua origem na previsão contida na já referida Resolução nº 9/1992 do Senado Federal, que, em seu art. 2º, preceitua que tais alíquotas "poderão ser progressivas em função do quinhão que cada herdeiro efetivamente receber nos termos da Constituição Federal".

Como já havia posicionamento do Pretório Excelso sobre a impossibilidade de estabelecer alíquotas progressivas para fins de incidência do imposto sobre transmissão *inter vivos* – exegese sumulada no verbete nº 656[135] –, questionava-se se seria também inconstitucional o estabelecimento de tal progressividade ao ITCMD.

Isso porque, a *ratio* do entendimento mencionado se funda na circunstância de que o STF já firmou a tese de que, em prestígio ao princípio da capacidade contributiva (art. 145, § 1º, da CRFB/1988), apenas os impostos de natureza pessoal ou subjetivos comportariam a progressividade de alíquotas. Vejam-se os julgados a seguir colacionados:

> EMENTA: CONSTITUCIONAL. TRIBUTÁRIO. IMPOSTO DE TRANSMISSÃO DE IMÓVEIS, *INTER VIVOS* – ITBI. ALÍQUOTAS PROGRESSIVAS. CRFB, art. 156, II, § 2º. Lei nº 11.154, de 30/12/1991, do Município de São Paulo, SP. I. – Imposto de transmissão de imóveis, *inter vivos* – ITBI: alíquotas progressivas: a Constituição Federal não autoriza a progressividade das alíquotas, realizando-se o princípio da capacidade contributiva

---

[135] BRASIL. Supremo Tribunal Federal. Súmula nº. 656: "É inconstitucional a lei que estabelece alíquotas progressivas para o imposto de transmissão *inter vivos* de bens imóveis – ITBI com base no valor venal do imóvel".

proporcionalmente ao preço da venda. II. – R.E. conhecido e provido.[136]

IMPOSTO DE TRANSMISSÃO INTER VIVOS DE BENS IMÓ-VEIS – ALÍQUOTAS PROGRESSIVAS – INCONSTITUCIONA-LIDADE – VERBETE Nº 656 DA SÚMULA DO SUPREMO. É inconstitucional a lei que estabelece alíquotas progressivas para o imposto de transmissão *inter vivos* de bens imóveis – ITBI com base no valor venal do imóvel.[137]

Fato é que o tema foi submetido à apreciação do STF no bojo do RE nº 562.045/RS, ao qual foi inclusive atribuída Repercussão Geral[138] e, se considerada a máxima *idem ratio, ibi idem jus*, tudo levava a crer que aquela Corte Suprema fixaria a exegese de que a progressividade das alíquotas do ITCMD – assim como ocorre com o IPTU, por exemplo – dependeria de autorização constitucional.

Contudo, essa não foi a posição adotada por aquela corte que, por maioria, deu provimento ao recurso extraordinário interposto pelo estado do Rio Grande do Sul, cujo pleito era justamente afastar a pecha de inconstitucionalidade da progressividade do ITCMD, prevista no art. 18 da Lei gaúcha nº 8.821/1989.[139]

---

[136] BRASIL. Supremo Tribunal Federal. Tribunal Pleno. RE nº 234.105/SP. Relator: ministro Carlos Velloso. Julgamento em 8 de abril de 1999. *DJ*, 31 mar. 2000.
[137] BRASIL. Supremo Tribunal Federal. Primeira Turma. RE nº 346.829 AgR/MG. Relator: ministro Marco Aurélio. Julgamento em 8 de fevereiro de 2011. *DJe*, 3 mar. 2011.
[138] "EMENTA: CONSTITUCIONAL. IMPOSTO SOBRE TRANSMISSÃO CAUSA MOR-TIS – ITCD. ALÍQUOTA PROGRESSIVA. EXISTÊNCIA DE REPERCUSSÃO GERAL. Questão relevante do ponto de vista econômico, social e jurídico que ultrapassa o interesse subjetivo da causa" (BRASIL. Supremo Tribunal Federal. RE nº 562.045 RG/RS. Relator: ministro Ricardo Lewandowski. Julgamento em 1º de fevereiro de 2008. *DJe*, 29 fev. 2008).
[139] Lei nº 8.821/1989 (RS): "Art. 18. Na transmissão causa mortis, a alíquota do imposto é 4% (quatro por cento). (Redação dada pela Lei nº 13.337, de 30.12.2009, DOE RS

O referido acórdão do julgamento do RE nº 562.045/RS proferiu a seguinte decisão:

> Decisão: Colhidos o voto-vista do Ministro Marco Aurélio e os votos dos Ministros Teori Zavascki, Gilmar Mendes e Celso de Mello, o Tribunal, *por maioria, deu provimento ao recurso extraordinário*, vencidos os Ministros Ricardo Lewandowski (Relator) e Marco Aurélio. Votou o Presidente, Ministro Joaquim Barbosa. Redigirá o acórdão a Ministra Cármen Lúcia. Não participaram da votação os Ministros Rosa Weber, Luiz Fux e Dias Toffoli por sucederem, respectivamente, aos Ministros Ellen Gracie, Eros Grau e Menezes Direito, todos com voto em assentada anterior. Plenário, 06.02.2013.[140]

Fato é que, conforme noticiado no Informativo nº 694 daquela Corte Suprema, o plenário, por maioria, consignou que como todos os impostos se sujeitam ao princípio da capacidade contributiva, insculpido no art. 145, § 1º, da CRFB/1988, devem, portanto, sempre que possível, ter caráter pessoal. Dessa forma, independentemente de sua classificação – se de caráter real ou pessoal –, os impostos devem necessariamente guardar relação com a capacidade contributiva do sujeito passivo.

---

de 31.12.2009, com efeitos a partir de 90 dias nas hipóteses em que há majoração do imposto): I - 1% (um por cento), caso a soma dos valores venais não seja superior a 14.012 UPF-RS; II - 2% (dois por cento), caso a soma dos valores venais seja superior a 14.012 UPF-RS e não exceda a 17.515 UPF-RS; III - 3% (três por cento), caso a soma dos valores venais seja superior a 17.515 UPF-RS e não exceda a 21.018 UPF-RS; IV - 4% (quatro por cento), caso a soma dos valores venais seja superior a 21.018 UPF -RS e não exceda a 22.769 UPF-RS; V - 5% (cinco por cento), caso a soma dos valores venais seja superior a 22.769 UPF-RS e não exceda a 24.521 UPF-RS; VI - 6% (seis por cento), caso a soma dos valores venais seja superior a 24.521 UPF-RS e não exceda a 26.272 UPF-RS; VII - 7% (sete por cento), caso a soma dos valores venais seja superior a 26.272 UPF-RS e não exceda a 28.024 UPF-RS; VIII - 8% (oito por cento), caso a soma dos valores venais exceda a 28.024 UPF-RS; [...]".

[140] BRASIL. Supremo Tribunal Federal. Tribunal Pleno. RE nº 562.045/RS. Relator: ministro Ricardo Lewandowski. Relatora p/ acórdão: ministra Cármen Lúcia. Julgamento em 6 de fevereiro de 2013. *DJe*, 27 nov. 2013, grifo nosso.

Nesse viés, nada impede que se afira a capacidade contributiva do sujeito passivo do ITCMD, porquanto se cuida de um imposto direto e, assim, sua incidência pode expressar tanto a progressividade, quanto a regressividade direta.

Asseverou-se que a progressividade de alíquotas do imposto em comento não teria como descambar para o confisco, porquanto haveria o controle do teto das alíquotas pelo Senado Federal (CF, art. 155, § 1º, IV). Ademais, assinalou-se inexistir incompatibilidade com o Enunciado 668 da Súmula do STF ("É inconstitucional a lei municipal que tenha estabelecido, antes da Emenda Constitucional 29/2000, alíquotas progressivas para o IPTU, salvo se destinada a assegurar o cumprimento da função social da propriedade urbana"). Por derradeiro, esclareceu-se que, diferentemente do que ocorreria com o IPTU, no âmbito do ITCD não haveria a necessidade de emenda constitucional para que o imposto fosse progressivo. RE 562045/RS, rel. orig. Min. Ricardo Lewandowski, red. p/o acórdão Min. Cármen Lúcia, 6.2.2013. (RE-562045).[141]

Vale, ao final, unicamente registrar que no curso do julgamento restaram vencidos o ministro Ricardo Lewandowski (relator) e o ministro Marco Aurélio, porque comungam da tese pela impossibilidade da cobrança progressiva do ITCMD sem que haja a respectiva autorização constitucional para a tributação progressiva de impostos reais.

---

[141] BRASIL. Supremo Tribunal Federal. Informativo STF nº 694. Brasília, 1º a 8 de fevereiro de 2013. Disponível em: <www.stf.jus.br/arquivo/informativo/documento/informativo694.htm>. Acesso em: 1º set. 2015.

Questões de automonitoramento

1) Após ler o material, resuma os casos geradores apresentados no capítulo 7, identificando as partes envolvidas, os problemas atinentes e as soluções cabíveis.
2) Resuma, em poucas palavras, a expressão que melhor define o conceito de transmissão de bens e direitos para fins do ITCMD.
3) Quais são as bases de cálculo e alíquotas aplicáveis ao ITCMD?
4) É possível adotar a progressividade fiscal do ITCMD?
5) Pense e descreva, mentalmente, alternativas para a solução dos casos geradores apresentados no capítulo 7.

6

Aspectos contábeis da tributação sobre o patrimônio

Roteiro de estudo

Tributação sobre o patrimônio

Este capítulo tem como intuito apresentar os aspectos contábeis da tributação sobre o patrimônio das pessoas jurídicas e físicas.

No contexto brasileiro, em que a carga tributária oriunda da incidência sobre o patrimônio é relativamente baixa, os impostos aqui estudados consistem em alguns dos tributos mais encontrados no dia a dia.

No sistema brasileiro, cinco são os tributos sobre o patrimônio:

1) ITD – imposto sobre transmissão *causa mortis* e por doação de quaisquer bens e direitos – também conhecido como ITCMD, ITCDM ou ITCD;
2) ITBI – imposto sobre transmissão de bens imóveis *inter vivos*;
3) IPTU – imposto sobre a propriedade predial e territorial urbana;

4) ITR – imposto sobre a propriedade territorial rural;

5) IPVA – imposto sobre a propriedade de veículos automotores.

Desses impostos, somente o ITR é de competência federal, sendo o IPVA e o ITD de competência estadual, enquanto o ITBI e o IPTU são de competência municipal.

Ressalte-se que a Constituição Federal (CRFB/1988) prevê ainda o imposto sobre grandes fortunas, que seria de competência federal. Entretanto, como jamais foi regulamentado, esse imposto não será abordado neste capítulo.

Imposto sobre transmissão *causa mortis* e por doação de quaisquer bens e direitos (ITD)

Como falado anteriormente, o ITD é de competência estadual. Tributo de natureza marcadamente arrecadatória (fiscal), foi previsto na CRFB/1988, no art. 155, I e § 1º. Vejamos:

> Art. 155. Compete aos Estados e ao Distrito Federal instituir impostos sobre:
>
> [...]
>
> I - transmissão *causa mortis* e doação, de quaisquer bens ou direitos;
>
> [...]
>
> § 1º. O imposto previsto no inciso I:
>
> I - relativamente a bens imóveis e respectivos direitos, compete ao Estado da situação do bem, ou ao Distrito Federal;
>
> II - relativamente a bens móveis, títulos e créditos, compete ao Estado onde se processar o inventário ou arrolamento, ou tiver domicílio o doador, ou ao Distrito Federal;
>
> III - terá competência para sua instituição regulada por lei complementar:

a) se o doador tiver domicílio ou residência no exterior;

b) se o *de cujus* possuía bens, era residente ou domiciliado ou teve o seu inventário processado no exterior;

IV - terá suas alíquotas máximas fixadas pelo Senado Federal;

[...]

Como visto, segundo o art. 155, § 1º, IV, da CRFB/1988, cabe ao Senado Federal estabelecer as alíquotas máximas do imposto. Sendo assim, por meio da Resolução nº 9/1992, foi fixada em 8% a alíquota máxima do tributo. Como é de competência estadual, as alíquotas variam de acordo com a unidade federativa em que o imposto seja devido. No Rio de Janeiro, e em grande parte dos estados, a alíquota vigente é de 4%.

Além disso, essa resolução autorizou a progressividade das alíquotas sobre a transmissão *causa mortis*, conforme o quinhão que cada herdeiro receber.

Ainda, por se tratar de imposto de competência estadual e por incidir sobre transmissão de quaisquer bens e direitos, a CRFB/1988 criou diferentes regras de fixação de competência, de acordo com a natureza do objeto da transmissão.

Quando a transmissão é de bens imóveis e seus respectivos direitos, o ITD compete ao estado da situação ou Distrito Federal.

Já quando a transmissão é de bens móveis, é necessário fazer uma distinção: (1) se a transmissão é decorrente de sucessão *causa mortis*, o imposto compete ao estado em que se processar o inventário (ou Distrito Federal); (2) se a transmissão decorrer de doação, o competente será o estado em que tiver domicílio o doador (ou Distrito Federal).

Como o próprio nome explicita, o fato gerador do ITD pode ser tanto qualquer transmissão de bens e direitos entre indivíduos vivos, quanto a transmissão oriunda de *causa mortis*.

O contribuinte do tributo será o adquirente, herdeiro ou legatário, ou o donatário, sendo solidariamente responsável o inventariante ou o doador.

Uma vez que nos fatos geradores do imposto a transmissão de propriedade ocorre a título gratuito, a base de cálculo é o valor real (de mercado) dos bens ou direitos transmitidos.

CONTABILIZAÇÃO DO ITD

Na entidade donatária, a doação que não se refira a bem que irá compor o ativo imobilizado será contabilizada no ativo, com contrapartida no resultado; já a contabilização do imposto será registrada no passivo da empresa, com contrapartida também no resultado. Quando do efetivo pagamento, o passivo será baixado com contrapartida no ativo. Por exemplo, em uma doação de R$ 1.000,00, em um estado no qual a alíquota seja de 4%:

Lançamento 1 – No recebimento da doação
Ativo – Doação recebida – R$ 1.000,00 (débito)
Resultado – Receita de doação – R$ 1.000,00 (crédito)
Passivo – Imposto a pagar – R$ 40,00 (crédito)
Resultado – Despesa de ITD – R$ 40,00 (débito)

Lançamento 2 – No efetivo pagamento do tributo
Ativo – Caixa ou bancos – R$ 400,00 (crédito)
Passivo – Imposto a pagar – R$ 400,00 (débito)

Na doadora, não há que se falar em contabilização do ITD e os lançamentos ocorrerão da seguinte forma:

Lançamento – Doação
Ativo – Baixa do valor do bem doado – R$ 1.000,00 (crédito)
Resultado – Despesa de doação – R$ 1.000,00 (débito)

Registre-se, no entanto, que para fins de apuração do lucro real (IRPJ), via de regra, as despesas com doações são indedutíveis.

Imposto sobre transmissão de bens imóveis (ITBI)

Assim como o ITD, o ITBI apresenta natureza marcadamente arrecadatória (fiscal), mas competência municipal. Divergente do ITD por incidir sobre a transmissão onerosa, o ITBI está previsto na CRFB/1988, no art. 156, II, § 2º. Vejamos:

> Art. 156. Compete aos Municípios instituir impostos sobre:
> [...]
> II - transmissão *inter vivos*, a qualquer título, por ato oneroso, de bens imóveis, por natureza ou acessão física, e de direitos reais sobre imóveis, exceto os de garantia, bem como cessão de direitos a sua aquisição;
> § 2º. O imposto previsto no inciso II:
> I - não incide sobre a transmissão de bens ou direitos incorporados ao patrimônio de pessoa jurídica em realização de capital, nem sobre a transmissão de bens ou direitos decorrente de fusão, incorporação, cisão ou extinção de pessoa jurídica, salvo se, nesses casos, a atividade preponderante do adquirente for a compra e venda desses bens ou direitos, locação de bens imóveis ou arrendamento mercantil;
> II - compete ao Município da situação do bem.

Por ser um tributo de competência municipal, a alíquota irá variar de acordo com a localidade do imóvel. No município do Rio de Janeiro, atualmente, a alíquota corresponde a 2%, e o contribuinte será o adquirente do imóvel, independentemente do que vier a ser acordado entre as partes.

Como anteriormente disposto, o fato gerador é a transmissão do bem e ocorrerá no momento da escrituração da transmissão, tendo como base de cálculo o valor da transação imobiliária. Caso entenda que a transação ocorre por valor abaixo do de mercado, poderá a autoridade fazendária arbitrar a base de cálculo, cabendo direito de impugnação por parte do contribuinte.

CONTABILIZAÇÃO DO ITBI

Na adquirente do bem, a contabilização da aquisição do imóvel ocorrerá da seguinte maneira:

Lançamento 1 – Na aquisição do imóvel
Ativo – Caixa – R$ 100.000,00 (crédito)
Passivo – ITBI a recolher – R$ 2.000,00 (crédito)
Ativo – Imobilizado – R$ 102.000,00 (débito)

Lançamento 2 – No efetivo pagamento do tributo
Ativo – Caixa ou bancos – R$ 2.000,00 (crédito)
Passivo – ITBI a recolher – R$ 2.000,00 (débito)

Note-se que os valores dos gastos necessários para a aquisição do bem serão considerados no custo da aquisição do bem e integrarão o valor que ira compor o ativo.[142] Ao longo do tempo, caso o bem esteja sujeito a depreciação, tais valores transitarão por resultado por meio de lançamentos a crédito em conta de depreciação redutora do ativo, com contrapartida nas contas de despesa de depreciação (resultado).

Por fim, devemos observar que, para fins de apuração do lucro real, ficará a critério da entidade o registro como custo de aquisição, ou a dedução como despesa operacional, dos valores de impostos pagos na operação, conforme depreende-se do § 4º do art. 344 do Regulamento do Imposto de Renda (RIR – Decreto nº 3.000/1999).

---

[142] Pronunciamento CPC nº 27: "O custo de um item do ativo imobilizado compreende: a) seu preço de aquisição, acrescido de impostos de importação e impostos não recuperáveis sobre a compra, depois de deduzidos os descontos comerciais e abatimentos; [...]".

§ 4º. Os impostos pagos pela pessoa jurídica na aquisição de bens do ativo permanente poderão, a seu critério, ser registrados como custo de aquisição ou deduzidos como despesas operacionais, salvo os pagos na importação de bens que se acrescerão ao custo de aquisição.

Imposto sobre a propriedade predial e territorial urbana (IPTU)

O IPTU é um imposto direto, de característica arrecadatória, apesar de ter funções extrafiscais (conforme disposto no art. 182, § 4º, II, da CRFB/1988).[143] É um imposto de competência municipal e representa parte significativa da arrecadação dos municípios. Na Constituição, tal imposto está previsto no art. 156, I e § 1º:

> Art. 156. Compete aos Municípios instituir impostos sobre:
> I - propriedade predial e territorial urbana;
> [...]
> § 1º. Sem prejuízo da progressividade no tempo a que se refere o art. 182, § 4º, inciso II, o imposto previsto no inciso I poderá: (Redação dada pela Emenda Constitucional nº 29, de 2000)

---

[143] CRFB/1988: "Art. 182. A política de desenvolvimento urbano, executada pelo Poder Público municipal, conforme diretrizes gerais fixadas em lei, tem por objetivo ordenar o pleno desenvolvimento das funções sociais da cidade e garantir o bem-estar de seus habitantes. § 1º. O plano diretor, aprovado pela Câmara Municipal, obrigatório para cidades com mais de vinte mil habitantes, é o instrumento básico da política de desenvolvimento e de expansão urbana. § 2º. A propriedade urbana cumpre sua função social quando atende às exigências fundamentais de ordenação da cidade expressas no plano diretor. § 3º. As desapropriações de imóveis urbanos serão feitas com prévia e justa indenização em dinheiro. § 4º. É facultado ao Poder Público municipal, mediante lei específica para área incluída no plano diretor, exigir, nos termos da lei federal, do proprietário do solo urbano não edificado, subutilizado ou não utilizado, que promova seu adequado aproveitamento, sob pena, sucessivamente, de: I - parcelamento ou edificação compulsórios; II - imposto sobre a propriedade predial e territorial urbana progressivo no tempo; III - desapropriação com pagamento mediante títulos da dívida pública de emissão previamente aprovada pelo Senado Federal, com prazo de resgate de até dez anos, em parcelas anuais, iguais e sucessivas, assegurados o valor real da indenização e os juros legais".

I - ser progressivo em razão do valor do imóvel; e (Incluído pela Emenda Constitucional nº 29, de 2000)
II - ter alíquotas diferentes de acordo com a localização e o uso do imóvel. (Incluído pela Emenda Constitucional nº 29, de 2000)

Conforme o dispositivo mencionado, a Emenda Constitucional (EC) nº 29/2000 autorizou que as alíquotas do IPTU sejam progressivas em razão do valor do imóvel. A alíquota pode variar em função do uso do imóvel, de forma que podem existir alíquotas diferentes para imóveis comerciais e residenciais. É possível, ainda, a variação da alíquota de acordo com a localização do imóvel, o que permite, por exemplo, a criação de alíquotas diferentes para bairros de classes alta, média e baixa. Por ser de competência municipal, as alíquotas irão variar em cada município.

De acordo com o art. 32 do Código Tributário Nacional (CTN), o fato gerador desse imposto é a propriedade, o domínio útil ou a posse de bem imóvel, por natureza ou por acesso, localizado em zona urbana do município. Considera-se ocorrido o fato gerador no primeiro dia do ano, e a base de cálculo será o valor venal do imóvel, conforme art. 33 do CTN:

Art. 32. O imposto, de competência dos Municípios, sobre a propriedade predial e territorial urbana tem como fato gerador a propriedade, o domínio útil ou a posse de bem imóvel por natureza ou por acessão física, como definido na lei civil, localizado na zona urbana do Município.

§ 1º. Para os efeitos deste imposto, entende-se como zona urbana a definida em lei municipal; observado o requisito mínimo da existência de melhoramentos indicados em pelo menos 2 (dois) dos incisos seguintes, construídos ou mantidos pelo Poder Público:

I - meio-fio ou calçamento, com canalização de águas pluviais;

II - abastecimento de água;

III - sistema de esgotos sanitários;

IV - rede de iluminação pública, com ou sem posteamento para distribuição domiciliar;

V - escola primária ou posto de saúde a uma distância máxima de 3 (três) quilômetros do imóvel considerado.

§ 2º. A lei municipal pode considerar urbanas as áreas urbanizáveis, ou de expansão urbana, constantes de loteamentos aprovados pelos órgãos competentes, destinados à habitação, à indústria ou ao comércio, mesmo que localizados fora das zonas definidas nos termos do parágrafo anterior.

Art. 33. A base do cálculo do imposto é o valor venal do imóvel.

Parágrafo único. Na determinação da base de cálculo, não se considera o valor dos bens móveis mantidos, em caráter permanente ou temporário, no imóvel, para efeito de sua utilização, exploração, aformoseamento ou comodidade.

Contabilização do IPTU

O IPTU será considerado uma despesa operacional. Uma particularidade do imposto estudado é que, apesar de ter como fato gerador a propriedade no dia 1º de janeiro, o imposto é efetivamente pago em relação a todo o exercício. Assim, a despesa referente ao tributo deverá ser diferida por todo o ano, por apropriação mensal.

Considerando que o imposto devido é de R$ 1.200,00, a contabilização ocorreria da seguinte forma:

Lançamento 1 – Janeiro
Ativo – IPTU a apropriar – R$ 1.200,00 (débito)
Passivo – IPTU a recolher – R$ 1.200,00 (crédito)

Ativo – IPTU a apropriar – R$ 100,00 (crédito)
Resultado – Despesa IPTU – R$ 100,00 (débito)

Lançamento 2 – Momento do pagamento do imposto
Ativo – Caixa – R$ 1.200,00 (crédito)
Passivo – IPTU a recolher – R$ 1.200,00 (débito)

Lançamentos seguintes – Demais meses do ano
Ativo – IPTU a apropriar – R$ 100,00 (crédito)
Resultado – Despesa IPTU – R$ 100,00 (débito)

Imposto sobre a propriedade territorial rural (ITR)

Esse imposto sobre o patrimônio tem como característica particular sua finalidade notoriamente extrafiscal. Afinal, segundo o art. 153, § 4º, I, da CRFB/1988, suas alíquotas serão fixadas de forma a desestimular a manutenção de propriedades improdutivas. Vejamos:

> Art. 153. Compete à União instituir impostos sobre:
> [...]
> VI - propriedade territorial rural;
> [...]
> § 4º. O imposto previsto no inciso VI do *caput*: (Redação dada pela Emenda Constitucional nº 42, de 19.12.2003)
> I - será progressivo e terá suas alíquotas fixadas de forma a desestimular a manutenção de propriedades improdutivas; (Incluído pela Emenda Constitucional nº 42, de 19.12.2003)
> II - não incidirá sobre pequenas glebas rurais, definidas em lei, quando as explore o proprietário que não possua outro imóvel; (Incluído pela Emenda Constitucional nº 42, de 19.12.2003)
> III - será fiscalizado e cobrado pelos Municípios que assim optarem, na forma da lei, desde que não implique redução do

imposto ou qualquer outra forma de renúncia fiscal. (Incluído pela Emenda Constitucional nº 42, de 19.12.2003)

Portanto, com base em sua extrafiscalidade, a legislação do ITR, Lei nº 9.393/1996, criou alíquotas inversamente proporcionais ao grau de utilização de cada imóvel rural. Tal lei ainda definiu a progressividade do imposto baseada na área total do imóvel e em seu grau de utilização.

Apesar de ser de competência federal, conforme demonstrado, a EC nº 42/2003 determinou que o ITR pode ser fiscalizado e cobrado pelos municípios que por tal optarem, na forma de lei, desde que não implique redução do imposto ou qualquer outra forma de renúncia fiscal.

Caso o município não faça essa opção, a União repassará à municipalidade metade do valor que arrecadar com o tributo referente ao território do município.

De acordo com o art. 29 do CTN, o ITR tem como fato gerador a propriedade, o domínio útil ou a posse de imóvel por natureza, localizado fora da zona urbana do município, e terá como contribuinte o proprietário do imóvel rural, o titular de seu domínio útil ou seu possuidor a qualquer título.

Já em consonância ao disposto no art. 30 do CTN, a base de cálculo do ITR é o valor fundiário. A legislação específica – regulamento do ITR – esclarece que valor fundiário é o valor da terra nua tributável, isto é, o valor do imóvel, excluídos os valores relativos a construções, instalações e benfeitorias; culturas permanentes e temporárias; pastagens cultivadas e melhoradas; e florestas plantadas.[144]

---

[144] CTN: "Art. 29. O imposto, de competência da União, sobre a propriedade territorial rural tem como fato gerador a propriedade, o domínio útil ou a posse de imóvel por natureza, como definido na lei civil, localização fora da zona urbana do Município. Art. 30. A base do cálculo do imposto é o valor fundiário. Art. 31. Contribuinte do imposto é o proprietário do imóvel, o titular de seu domínio útil, ou o seu possuidor a qualquer título".

Contabilização do ITR

A contabilização do ITR é bastante semelhante à do IPTU, ocorrendo a apropriação mensal do imposto, que no exemplo é de R$ 1.200,00.

Lançamento 1 – Janeiro
Ativo – ITR a apropriar – R$ 1.200,00 (débito)
Passivo – ITR a recolher – R$ 1.200,00 (crédito)
Ativo – ITR a apropriar – R$ 100,00 (crédito)
Resultado – Despesa ITR – R$ 100,00 (débito)

Lançamento 2 – Momento do pagamento do imposto
Ativo – Caixa – R$ 1.200,00 (crédito)
Passivo – ITR a recolher – R$ 1.200,00 (débito)

Lançamentos seguintes – Demais meses do ano
Ativo – ITR a apropriar – R$ 100,00 (crédito)
Resultado – Despesa ITR – R$ 100,00 (débito)

Imposto sobre a propriedade de veículos automotores (IPVA)

Como a maioria dos tributos aqui estudados, o IPVA também apresenta finalidade fiscal/arrecadatória. Por ser um imposto, não exige qualquer contraprestação estatal direta.

Por ser um imposto criado após a edição do CTN, não está previsto nesse dispositivo legal, tendo amparo, no entanto, na CRFB/1988, no art. 155, III, que define a competência estadual para instituição do tributo, vejamos:

> Art. 155. Compete aos Estados e ao Distrito Federal instituir impostos sobre:
> [...]
> III - propriedade de veículos automotores.

SÉRIE DIREITO TRIBUTÁRIO

Após a EC nº 42/2003, foi incluído o § 6º do art. 155, que passou a prever a instituição, pelo Senado Federal, das alíquotas mínimas para tal imposto. Além disso, essa emenda constitucional ainda determinou que o IPVA poderá ter alíquotas diferenciadas em função do tipo e da utilização do veículo.

O fato gerador do imposto é a propriedade de veículo automotor de qualquer espécie. Ou seja, estão inclusos carros, caminhões, motos etc. Logo, o imposto será devido pela aquisição de veículo 0 km, caso em que incide a partir da data da compra, ou, nos anos subsequentes, no primeiro dia útil do ano.

A base de cálculo do imposto dependerá do tipo de veículo, se novo ou usado. Caso seja veículo novo a alíquota será aplicada sobre seu preço total à vista. Já nos casos de veículos usados, o imposto incidirá sobre seu valor venal.

Contabilização do IPVA

Do mesmo modo que ocorre com o IPTU e o ITR, o IPVA é um imposto que, apesar de pago no início do ano, deverá ser apropriado ao longo dos meses, por seu caráter de despesa antecipada. A contabilização, então, ocorrerá da seguinte maneira, considerando um imposto a pagar de R$ 1.200,00:

Lançamento 1 – Janeiro
Ativo – IPVA a apropriar – R$ 1.200,00 (débito)
Passivo – IPVA a recolher – R$ 1.200,00 (crédito)
Ativo – IPVA a apropriar – R$ 100,00 (crédito)
Resultado – Despesa IPVA – R$ 100,00 (débito)

Lançamento 2 – Momento do pagamento do imposto
Ativo – Caixa – R$ 1.200,00 (crédito)
Passivo – IPVA a recolher – R$ 1.200,00 (débito)

Lançamentos seguintes – Demais meses do ano
Ativo – IPVA a apropriar – R$ 100,00 (crédito)
Resultado – Despesa IPVA – R$ 100,00 (débito)

Questões de automonitoramento

1) Discorra acerca das peculiaridades na contabilização do IPTU.
2) Demonstre como seria o lançamento do IPTU de um imóvel cujo valor venal seja R$ 1 milhão, sujeito à alíquota de 2%.
3) Contabilize uma venda de imóvel, pelo valor de R$ 750 mil, em um município em que a alíquota é de 2,5%.

7

Sugestão de casos geradores

Imposto sobre a propriedade predial e territorial urbana (IPTU) (cap. 1)

Pangaré Cavalos Ltda., sociedade empresária atuante no mercado de compra e venda de cavalos, dispõe de um haras localizado no município de Tremembé do Sul. Esse haras, sede da empresa, consiste em um terreno de 20.000 m², com um edifício administrativo ocupando 5% do terreno. O restante é ocupado por pistas próprias para o tratamento e treinamento dos cavalos.

Com a expansão industrial promovida em Tremembé do Sul, a região, que até então era distanciada do centro econômico da cidade, passou a receber, progressivamente, atenção da prefeitura, com a pavimentação das ruas de acesso, meio-fio e calçamento, construção de canalização de águas pluviais, regularização de abastecimento de água, além da instalação de sistema de esgotos sanitários e de rede de iluminação pública.

Simultaneamente às obras de melhoramento e urbanização da área, a Câmara de Vereadores do município em comento aprovou lei ordinária declarando a região em que se localiza o haras como área urbana.

Você recebeu, em seu escritório, o sócio administrador da Pangaré Cavalos Ltda. afirmando que lhe foi encaminhado um carnê da prefeitura para o pagamento de IPTU. Indignado, ele afirma que nunca havia recebido o carnê para pagamento de IPTU, mas sim de ITR, e que deseja continuar recolhendo este último imposto.

Diante desta situação hipotética, responda:

1) A cobrança do IPTU é legítima?
2) Foram atendidos os requisitos necessários para a tributação pelo IPTU?
3) Pangaré Cavalos Ltda. deverá ser considerado contribuinte de IPTU ou ITR? O que fazer para atender ao pedido de seu cliente, que deseja ser contribuinte do ITR?

Imposto sobre a propriedade predial e territorial urbana (IPTU) e imposto sobre transmissão de bens imóveis *inter vivos* (ITBI) (cap. 2)

Asadelta Construções Ltda., pessoa jurídica de direito privado, cujo objeto social é a construção civil, mais especificamente a construção de edifícios, administração de obras e serviços de engenharia (projetos), o procurou em seu escritório, por seu administrador devidamente representado, e lhe solicitou um parecer sobre a seguinte situação fática.

Em janeiro do corrente ano surgiu uma ótima oportunidade para a sociedade empresária, consistente na aquisição de um ótimo terreno pela metade de seu valor venal. Por intermédio de um laudo técnico apurou-se que o valor venal do imóvel, sem qualquer edificação, era de R$ 150.000,00 e foi celebrado um contrato de compra e venda no valor de R$ 70.000,00.

Ocorre que o setor competente não providenciou a averbação do documento de transferência no cartório do Registro

Geral de Imóveis (RGI) competente e, somente agora, após o término da construção de dois edifícios com oito andares cada, constatou-se essa falha.

A empresa deseja que o parecer jurídico a ser elaborado responda:

1) Em qual momento se tem por configurado o fato gerador do ITBI?
2) Qual é a consequência dessa falha administrativa representada pela falta da averbação no RGI competente do título translativo de propriedade?
3) Sobre qual valor deverá ser recolhido o ITBI: o valor venal apurado em laudo técnico ou o valor em que o negócio jurídico foi celebrado?
4) Por fim, o recolhimento do imposto deverá incidir sobre o valor do terreno vazio, conforme se realizou o negócio jurídico, ou sobre o valor atual, após a construção dos edifícios?

Imposto sobre a propriedade territorial rural (ITR) (cap. 3)

Antônio Carlos da Silva faleceu em dezembro de 2011 e deixou tudo o que possuía para seu sobrinho e único herdeiro, José da Silva. Grande parte desses bens constitui-se de propriedades no centro-oeste do Brasil, em municípios na divisa entre Mato Grosso e Goiás.

Desconcertado, José vai consultar seu advogado para entender e discernir a quem deverá pagar os tributos referentes ao imposto sobre a propriedade, bem como de que maneira deve ser feito o cálculo sobre os impostos a serem pagos.

Sabendo que seu tio possuía terras com reservas naturais, cabeças de gado e agricultura, o advogado de José esmiúça como é realizada a base de cálculo sobre tal imposto.

São os seguintes imóveis:

a) fazenda "A", com 500 ha, localizada em zona rural e destinada à agricultura, com 50 ha de áreas úmidas (pantanais) já declaradas pelo órgão competente de interesse ecológico para a proteção dos ecossistemas;
b) imóvel "B", com 50 ha, dentro da zona urbana, com destinação econômica para avicultura;
c) fazenda "C", destinada à pecuária, com 200 ha no total, sendo 15 ha, em razão da existência de recursos naturais, de servidão ambiental;
d) imóvel de 30 ha, área contígua à "fazenda "C", utilizada em decorrência de contrato de arrendamento rural, para servir de pasto para os bois.

Diante desses dados, tendo em vista que você é o advogado responsável pela resposta à consulta, pergunta-se:

1) Quais impostos territoriais incidirão e quem é o contribuinte em decorrência da propriedade de cada um dos imóveis?
2) O imóvel "B" acarretará no pagamento de IPTU ou ITR?
3) Em decorrência da relação "d", quem é o contribuinte do imóvel de 30 ha?

Imposto sobre a propriedade de veículos automotores (IPVA) (cap. 4)

Caso 1

Paulo vendeu um veículo em 2010 sem, no entanto, fazer a comunicação de venda prevista no art. 134 do CTB. Da mesma forma, o comprador também não regularizou sua condição no Detran, permanecendo o nome de Paulo como proprietário do veículo nos registros do órgão de trânsito. Em 2015, Paulo está sendo cobrado pelo IPVA de 2011, 2012, 2013 e 2014. Procede essa cobrança?

Caso 2

Antônio adquire, em setembro de 2014, veículo em leilão do Detran. Após um ano, recebe cobrança de IPVA dos exercícios de 2010, 2011 e 2012.

Diante dessa situação, Antônio lhe pergunta se a cobrança procede, tendo em vista que adquiriu o veículo em 2014.

Caso 3

Lei de um determinado estado concede desconto de 15% para o pagamento à vista do IPVA.

No dia 24 de dezembro de 2015 é publicada uma lei que retira esse desconto.

Considerando que o fato gerador de veículos usados ocorre no dia 1º de janeiro, a nova lei será aplicável ao fato gerador que se consumará no ano seguinte?

Imposto sobre transmissão *causa mortis* e por doação de quaisquer bens e direitos (ITD) (cap. 5)

Caso 1

Maria Eduarda, residente e domiciliada em Joinville/SC, doou, em 2012, um imóvel que possuía no Rio de Janeiro para sua filha. Em 2013, Maria Eduarda se muda definitivamente para o Rio de Janeiro. Ela o consulta para saber se o imposto ITCMD é devido e como deve proceder.

Caso 2

O escritório de consultoria do grupo é procurado por uma pessoa física, beneficiária de uma herança, que relata a seguinte situação:

Seus pais faleceram em um acidente automobilístico em 2002, no estado de Goiás, estado em que a família residia.

O processo, pelo rito do arrolamento, tramitou de 2002 a 2004, tendo sido sentenciada a homologação da partilha em outubro de 2004, sem que, no entanto, estivesse comprovado nos autos o pagamento do ITCMD relativo a um apartamento situado na cidade de Marabá, capital do estado de Carajás.

Já em 2014, ao tentar realizar o registro no formal de partilha, o cartório do RGI competente negou o registro, afirmando que não houve o pagamento do tributo.

A herdeira consulta o escritório sobre a possibilidade de não pagar o tributo, tendo em vista o lapso temporal decorrido. Para tanto, informa que a legislação do referido estado assim prevê (e previa, à época):

> Art. x. Quando o inventário se processar sob a forma de rito sumário, o imposto de transmissão *causa mortis* será lançado por declaração do contribuinte, nos 90 (noventa) dias subsequentes, à intimação da homologação da partilha ou da adjudicação, não podendo ultrapassar esse prazo para o pagamento.

Exarar parecer sobre a influência do lapso temporal decorrido em relação a essa cobrança.

Caso 3

Por ocasião do divórcio, o casal formula partilha de bens comuns. Ao varão caberá a titularidade exclusiva de dois imóveis, cada um no valor de mercado de R$ 300.000,00, localizados no estado do Rio de Janeiro e no estado do Rio Grande do Sul. À mulher caberá a titularidade exclusiva de imóvel, no valor de mercado de R$ 400.000,00, localizado no estado de São Paulo. Não houve qualquer reposição.

Comente a incidência do imposto sobre transmissão.

Aspectos contábeis da tributação sobre o patrimônio (cap. 6)

A empresa ABC, domiciliada na cidade do Rio de Janeiro, é proprietária de um edifício avaliado em R$ 10 milhões. Em janeiro de 201X foi criada a empresa XYZ, oportunidade na qual a ABC integralizou capital com o aludido imóvel. Ou seja, XYZ tem como controladora e principal acionista a empresa ABC.

Três anos depois, XYZ vende o imóvel para um terceiro, pessoa jurídica residente no Brasil, pelo valor de R$ 11 milhões.

Discorra sobre a incidência de tributos sobre o patrimônio e contabilize a operação.

Conclusão

Uma vez apreciados todos os temas propostos para estudo, é possível concluir que os impostos que recaem sobre o patrimônio dos contribuintes estão presentes nas faixas de competência de todas as esferas federadas, sendo que, nesta oportunidade, foi reservada atenção especial às características, às especificidades e aos aspectos contábeis dos tributos que constituem fontes de recursos públicos para os cofres dos municípios e do Distrito Federal.

As peculiaridades relativas ao imposto sobre a propriedade predial e territorial urbana (IPTU) foram apreciadas de maneira percuciente. Objetivou-se revelar a importância dessa espécie tributária como receita pública ordinária, bem como a flexibilidade do instituto para funcionar como instrumento extrafiscal, porquanto o ente tributante pode se valer da progressividade no tempo para garantir a função social da propriedade, como preconizado pela Constituição da República de 1988. Da mesma forma, no que tange ao imposto sobre a propriedade territorial rural (ITR), salientou-se, a partir da análise de sua estrutura normativa, a natureza típica extrafiscal que esse tributo também ostenta, pois opera como meio para disciplinar a ocupação da propriedade rural.

Quanto aos atributos do imposto sobre a transmissão *inter vivos*, a qualquer título, por ato oneroso, de bens imóveis, por natureza ou acessão física, e de direitos reais sobre imóveis (ITBI), procurou-se abordar, além dos elementos integrantes de seu fato gerador, os pontos controvertidos apontados pela doutrina e pela jurisprudência, relacionados à imposição desse imposto, especialmente a questão da progressividade de suas alíquotas para, ao final, destacar alguns julgados relevantes de nossos tribunais acerca de tal exação.

Prosseguindo no enfrentamento dos impostos que taxam o patrimônio, os traços normativos do imposto sobre a propriedade de veículos automotores (IPVA) foram examinados com base em sua matriz constitucional e no regramento contido no Código Tributário Nacional. Evidenciaram-se os requisitos para a configuração dessa obrigação tributária, nomeadamente a sujeição passiva, a base de cálculo e a forma da tributação, merecendo destaque as críticas acerca da ausência de padronização no texto legislativo dos estados, o que cria uma miríade de hipóteses de incidências, muitas vezes destoantes.

Nessa mesma linha, seguiu-se discorrendo a respeito das especificidades do imposto sobre transmissão *causa mortis* e por doação de quaisquer bens e direitos (ITCMD), uma exação de natureza eminentemente fiscal – representando boa fonte de recursos para o fisco – e especialmente controvertida em razão do liame interdisciplinar existente entre a definição dos fatos imponíveis e os conceitos típicos do direito civil, como é o caso do fideicomisso e da renúncia abdicativa ou translativa de herança ou legado.

Destarte, o objetivo deste estudo – mais do que pretender esgotar as temáticas apresentadas – foi oferecer ao seu público--alvo as diretrizes fundamentais para o aprofundamento da pesquisa sobre cada um dos impostos aqui selecionados, conferindo também as bases técnico-jurídicas necessárias à compreensão dos debates doutrinários e jurisprudenciais travados em torno da tributação do patrimônio dos contribuintes brasileiros.

Referências

AMARO, Luciano. *Direito tributário brasileiro*. 12. ed. São Paulo: Saraiva, 2006.

____. *Direito tributário brasileiro*. 13. ed. São Paulo: Saraiva, 2007.

ANCELES, Pedro Einstein dos Santos. *Manual de tributos da atividade rural*. 2. ed. São Paulo: Atlas, 2002.

ATALIBA, Geraldo. *Hipótese de incidência tributária*. 3. ed. São Paulo: RT, 1984.

BARROS, Wellington Pacheco. *Curso de direito agrário e legislação complementar*. Porto Alegre: Livraria do Advogado, 1996.

____. *Curso de direito agrário*. Porto Alegre: Livraria do Advogado, 1997.

BASTOS, Lúcio Flávio Camargo. *A tributação da terra e a realidade fundiária*. Porto Alegre: Sergio Antonio Fabris, 1987.

BORGES, Paulo Torminn. *Institutos básicos do direito agrário*. 5. ed. São Paulo: Saraiva, 1987.

CAMARGOS, Luciano Dias Bicalho. *O imposto territorial rural e a função social da propriedade*: doutrina, prática e jurisprudência. Belo Horizonte: Del Rey, 2001.

CARNEIRO, Cláudio. *Impostos federais, estaduais e municipais*. 3. ed. Rio de Janeiro: Lumen Juris, 2012.

CARRAZZA, Roque Antônio. *Curso de direito constitucional tributário*. São Paulo: Malheiros. 2011.

COÊLHO, Sacha Calmon Navarro. *Curso de direito tributário brasileiro*. 9. ed. Rio de Janeiro: Forense, 2006.

CORREIA, Andrea Veloso. *Curso de direito tributário brasileiro*. 2. ed. São Paulo: Quartier Latin, 2010. v. 2.

FERNANDES, Regina Celi Pedrotti Vespero. *Imposto sobre transmissão causa mortis e doação* – ITCMD. São Paulo: Revista dos Tribunais, 2002.

FERREIRA, Ricardo J. *Manual do ICMS do Rio de Janeiro*. 2. ed. Rio de Janeiro: Ferreira, 2007.

HOFFMAN, Susy Gomes. *Curso de especialização em direito tributário*: estudos analíticos em homenagem a Paulo de Barros Carvalho. Coord. Eurico Marcos Diniz de Santi. Rio de Janeiro: Forense, 2005.

IUDÍCIBUS, Sergio et al. *Manual de contabilidade societária*. São Paulo: Atlas, 2010.

KFOURI JR., Anis. *Curso de direito tributário*. São Paulo: Saraiva, 2010. p. 336.

LIMA, Rafael Augusto de Mendonça. *Direito agrário*. Rio de Janeiro: Renovar, 1994.

LUZ, Waldemar P. da. *Curso de direito agrário*. Porto Alegre: Sagra Luzzatto, 1996.

MACHADO, Antônio Luis Ribeiro. *Manual prático dos contratos agrários e pecuários*. São Paulo: Revista dos Tribunais, 1979.

MACHADO, Hugo de Brito. *Curso de direito tributário*. 25. ed. São Paulo: Malheiros, 2005.

_____. *Curso de direito tributário*. 28. ed. São Paulo: Malheiros, 2007.

MACHADO, João Sidnei Duarte. *A parceria agrícola no direito brasileiro*. Porto Alegre: Sérgio Antônio Fabris, 2004.

MAMEDE, Gladston. *Imposto sobre a propriedade de veículos automotores*. São Paulo: Revista dos Tribunais, 2002.

MARTINS, Ives Gandra da Silva (Coord.). *Curso de direito tributário*. 12. ed. São Paulo: Saraiva. 2010.

____; BRITO, Edvaldo Pereira de (Org.). *Doutrinas essenciais do direito tributário*. São Paulo: Revista dos Tribunais, 2011. v. IV: Impostos estaduais.

OLIVEIRA, José Jayme de Macedo. Impostos estaduais. In: GOMES, Marcus Lívio; ANTONELLI, Leonardo Pietro (Coord.). *Curso de direito tributário brasileiro*. v. 2. São Paulo: Quartier Latin, 2005.

____. *Impostos estaduais*: ICMS, ITCMD, IPVA. São Paulo: Saraiva, 2009.

PAULSEN, Leandro; MELO, José Eduardo Soares de. *Impostos federais, estaduais e municipais*. 5. ed. rev. e atual. Porto Alegre: Livraria do Advogado, 2009.

PÊGAS, Paulo Henrique. *Manual de contabilidade tributária*. Rio de Janeiro: Freitas Bastos, 2012.

PEREIRA, Caio Mário da Silva. *Instituições de direito civil*. 17. ed. Rio de Janeiro: Forense, 2002. v. IV.

PITA, Flávia Almeida. Pedido de reconhecimento de ausência de responsabilidade tributária. Exercício de controle de legalidade pela Procuradoria do estado. IPVA. In: MARTINS, Ives Gandra da Silva; BRITO, Edvaldo. (Org.). *Doutrinas essenciais do direito tributário*. São Paulo: Revista dos Tribunais, 2011. v. IV, p. 1073-1084.

RIBEIRO, Ricardo Lodi. *Tributos*: teoria geral e espécies. Niterói: Impetus, 2013.

ROSA JR., Luiz Emygdio F. da. *Manual de direito financeiro e tributário*. 18. ed. rev. e atual. Rio de Janeiro: Renovar, 2005.

____. *Manual de direito financeiro e direito tributário*. 19. ed. Rio de Janeiro: Renovar, 2006.

SABBAG, Eduardo. *Manual de direito tributário*. 4. ed. São Paulo: Saraiva, 2012.

SILVA, Paulo Roberto Coimbra. IPVA: critério subjetivo de seu comando normativo. In: MARTINS, Ives Gandra da Silva; BRITO, Edvaldo. (Org.). *Doutrinas essenciais do direito tributário*. São Paulo: Revista dos Tribunais, 2011. v. IV, p. 1085-1110.

SOUZA, João Bosco Medeiros. *Direito agrário*: lições básicas. São Paulo: Saraiva, 1994.

TORRES, Ricardo Lobo. *Curso de direito financeiro e tributário*. 9. ed. atual. até a publicação da Emenda Constitucional nº 33, de 11/12/2001 e da Lei Complementar 113, de 19/09/2001. Rio de Janeiro: Renovar, 2002.

Organizadores

Na contínua busca pelo aperfeiçoamento de nossos programas, o Programa de Educação Continuada da FGV DIREITO RIO adotou o modelo de sucesso atualmente utilizado nos demais cursos de pós-graduação da Fundação Getulio Vargas, no qual o material didático é entregue ao aluno em formato de pequenos manuais. O referido modelo oferece ao aluno um material didático padronizado, de fácil manuseio e graficamente apropriado, contendo a compilação dos temas que serão abordados em sala de aula durante a realização da disciplina.

A organização dos materiais didáticos da FGV DIREITO RIO tem por finalidade oferecer o conteúdo de preparação prévia de nossos alunos para um melhor aproveitamento das aulas, tornando-as mais práticas e participativas.

Joaquim Falcão – diretor da FGV DIREITO RIO

Doutor em educação pela Université de Génève. *Master of Laws* (LL.M) pela Harvard University. Bacharel em direito pela Pontifícia Universidade Católica do Rio de Janeiro (PUC-Rio).

Diretor da Escola de Direito do Rio de Janeiro da Fundação Getulio Vargas (FGV DIREITO RIO).

Sérgio Guerra – vice-diretor de ensino, pesquisa e pós-graduação da FGV DIREITO RIO

Pós-doutor em administração pública pela Ebape/FGV. Doutor e mestre em direito. *Visiting researcher* na Yale Law School (2014). Coordenador do curso International Business Law – University of California (Irvine). Editor da *Revista de Direito Administrativo* (RDA). Consultor jurídico da OAB/RJ (Comissão de Direito Administrativo). Professor titular de direito administrativo, coordenador do mestrado em direito da regulação e vice-diretor de ensino, pesquisa e pós-graduação da FGV DIREITO RIO.

Rafael Alves de Almeida – coordenador de pós-graduação *lato sensu* da FGV DIREITO RIO

Doutor em políticas públicas, estratégias e desenvolvimento pelo Instituto de Economia da Universidade Federal do Rio de Janeiro (UFRJ). *Master of Laws* (LL.M) em *international business law* pela London School of Economics and Political Science (LSE). Mestre em regulação e concorrência pela Universidade Candido Mendes (Ucam). Formado pela Escola de Magistratura do Estado do Rio de Janeiro (Emerj). Bacharel em direito pela UFRJ e em economia pela Ucam.

Colaboradores

Os cursos de pós-graduação da FGV DIREITO RIO foram realizados graças a um conjunto de pessoas que se empenhou para que eles fossem um sucesso. Nesse conjunto bastante heterogêneo, não poderíamos deixar de mencionar a contribuição especial de nossos professores e assistentes de pesquisa em compartilhar seu conhecimento sobre questões relevantes ao direito. A FGV DIREITO RIO conta com um corpo de professores altamente qualificado que acompanha os trabalhos produzidos pelos assistentes de pesquisa envolvidos em meios acadêmicos diversos, parceria que resulta em uma base didática coerente com os programas apresentados.

Nosso especial agradecimento aos colaboradores da FGV DIREITO RIO que participaram deste projeto:

Andrea Veloso

Bacharel em direito pela Universidade do Estado do Rio de Janeiro (Uerj). Procuradora do município do Rio de Janeiro. Professora de direito tributário e uma das coordenadoras da pós-graduação em direito tributário da FGV DIREITO RIO. Professora de direito tributário na Escola da Magistratura do Estado do Rio de Janeiro (Emerj).

Artur Diego Amorim Vieira

Doutorando e mestre em direito. Servidor público municipal lotado na Procuradoria Geral do Município do Rio de Janeiro. Assistente de ensino e de pesquisa nos cursos de pós-graduação da FGV DIREITO RIO. Graduado em direito pela Universidade Candido Mendes (Ucam). Tem experiência na área de direito, com ênfase em direito processual civil.

Camila de Souza Cruz

Advogada maritimista com atualização em direito marítimo pela FGV do Rio de Janeiro. Pós-graduanda em direito processual civil pela Universidade Candido Mendes (Ucam).

Diego Fernandes Ximenes

Mestrando em direito pela Universidade do Estado do Rio de Janeiro (Uerj) na linha "finanças públicas, tributação e desenvolvimento". Atua como assistente de ensino e de pesquisa nos cursos de pós-graduação da FGV DIREITO RIO. Bacharel em direito pela Faculdade Ideal (Faci) de Belém (PA). Advogado. Assessor jurídico da Secretaria de Estado de Fazenda do Rio de Janeiro.

Eliana Pulcinelli

Doutora em direito e mestre em direito público (relações jurídico-tributárias) pela Universidade Estácio de Sá (Unesa). Pós-graduada em direito administrativo e administração pública pela Unesa. Professora de direito tributário (FGV Law

Program) e professora titular de direito tributário do curso de graduação em direito no Ibmec/RJ. Exerceu o cargo de subsecretária de Justiça e Cidadania do Estado do Rio de Janeiro, ocupando atualmente o cargo de assessora de órgão julgador, vinculada à Assessoria Direta aos Desembargadores no Tribunal de Justiça do Estado do Rio de Janeiro.

Gabriel Fiuza Couto

Formado pela Faculdade Nacional de Direito da Universidade Federal do Rio de Janeiro (UFRJ). Graduando em ciências contábeis pela Universidade do Sul da Santa Catarina (Unisul). Pós-graduando (LL.M) em direito tributário pela FGV. Atua como pesquisador e assistente de ensino nas disciplinas de contabilidade e direito tributário das pós-graduações da FGV DIREITO RIO. Advogado associado de Chediak Advogados.

Gypsi Canetti

Graduada em comunicação social, com habilitação em jornalismo impresso, pela Faculdade da Cidade. Atua no mercado editorial como copidesque e revisora de livros, tanto nas áreas técnica e científica quanto na literária. Faz parte da equipe da FGV DIREITO RIO e é uma das responsáveis pela revisão do material didático dos cursos de extensão e especialização.

Nilson Furtado de Oliveira Filho

Mestre em direito público pela Universidade do Estado do Rio de Janeiro (Uerj). Exerceu os cargos de técnico do Tesouro Nacional (hoje denominado analista tributário da Receita Federal), procurador do Instituto Nacional do Seguro Social (INSS) e procurador da Fazenda Nacional. Ocupa o cargo de procurador do estado do Rio de Janeiro, atuando como chefe da Assessoria

Jurídica da Secretaria de Fazenda do Estado do Rio de Janeiro. Atua também como advogado no estado do Rio de Janeiro.

Rafael Dinoá Mann Medeiros

Advogado tributarista e contador. *Master of Laws* (LL.M.) em direito tributário internacional pela Leiden Universiteit (Holanda). Mestrando em contabilidade tributária pela Fucape Business School.

Renata Bilhim

Advogada tributarista, professora dos cursos de pós-graduação da FGV, da Escola da Magistratura do Estado do Rio de Janeiro (Emerj), da Pontifícia Universidade Católica do Rio de Janeiro (PUC-Rio), da Universidade Federal Fluminense (UFF), do Instituto Brasileiro de Mercado de Capitais (Ibmec), do Instituto Brasileiro de Estudos Tributários (Ibet) e de outras instituições. Doutoranda em direito financeiro, tributário e desenvolvimento pela Universidade do Estado do Rio de Janeiro (Uerj). Mestre em direito pela Universidade Estácio de Sá (Unesa), especialista em comércio internacional e desenvolvimento pelo Instituto de Pós-Graduação de Estudos Internacionais e Desenvolvimento de Genebra (Suíça); especialista em direito tributário pelo Ibet; pós-graduada pela Emerj em direito público e privado, com ênfase em direito tributário, e especialista em direito processual tributário pela Universidade Candido Mendes (Ucam). Graduada em direito pela PUC-Rio.

Tatiana Costa Alves Freu

Advogada tributarista. Pós-graduada em direito tributário pela FGV.

Este livro foi impresso nas oficinas gráficas da Editora Vozes Ltda.,
Rua Frei Luís, 100 – Petrópolis, RJ.